Politische und finanzielle

Abhandlungen.

Von

Bülow-Cummerow.

Zweites Heft.

Die preußischen Finanzen.

Berlin.
Verlag von Veit und Comp.
1845.

Die
preußischen Finanzen.

Einleitung.

Es hat nicht leicht einen Zeitpunkt gegeben, in welchem eine Besprechung der finanziellen Verhältnisse Preußens, seiner Regierung wie die des Landes, zeitgemäßer gewesen wäre als der gegenwärtige. Nicht allein Preußen, sondern fast das ganze Deutschland hat sich mit leidenschaftlicher Hast auf den Bau von Eisenbahnen gestürzt, als wenn man besorgte, späterhin dürfte nicht mehr gebaut werden.

Keineswegs ist es zu tadeln, daß der Deutsche sich endlich mit Kraftanstrengung aus der Indolenz erhebt, in welcher er bisher in Beziehung auf seine materielle und industrielle Entwickelung zurückgeblieben ist. Allein je großartiger der Aufschwung ist, den er sich giebt, um so besonnener und umsichtiger sollten Mittel und Zweck erwogen werden.

Dies ist aber leider nicht der Fall, sondern man hat sich blind zur Verwendung von übergroßen Capitalien zum Bau von Eisenbahnen entschlossen, ohne zu berechnen, ob diese vorhanden sind oder ob die Entziehung derselben nicht den Markt einenge, den Ackerbau, den Handel und die Industrie lähme, und eine bedenkliche Geldkrise herbeiführe, die den allgemeinen Wohlstand erschüttere und Deutschlands Industrie, statt sie in der Concurrenz mit seinen Rivalen zu fördern, aus selbiger dränge.

Bei dem sonst so bedächtigen Geiste des Deutschen und seiner Regierung läßt sich der Leichtsinn, mit welchem man vorgegangen ist, nur daraus erklären, daß die Finanz-Wissenschaft bisher so wenig Interesse erweckt hat, und so ganz vernachlässigt scheint; hiervon finden wir den Beweis nicht allein in dem eben angeführten Fall, sondern selbst in dem allgemeinen Zustande der Staats-Finanzen der meisten deutschen Länder.

Zwar fehlt es nicht an Theorien, die isolirt betrachtet, eine richtige Begründung haben; allein die Anwendung auf das Leben, die richtige Abwägung wie diese, eine durch die andere sich modificiren und wie die allgemeine höhere Leitung der Geldverhältnisse sein müsse, mangelt fast durchweg; daher sich denn auch keine hervorragenden Finanzmänner herausbilden können und die finanziellen Ansichten sich bei uns mindestens in einer eben so großen Verwirrung befinden, wie die politischen.

Eine von den Theorien, welche an und für sich vollkommen begründet ist, aber in der Anwendung oft zu gefährlichen Täuschungen führt, ist die: daß das Geld immer vorhanden sei, wenn nur der Credit nicht fehle. Der Credit, welcher allein vermögend ist die Geschäfte im Großen zu betreiben, hat einen Grundsatz, von welchem er sich nie entfernt. Dieser ist: sich immer zurückzuziehen, wo sich eine Verlegenheit zeigt; er ist nie zu finden, wo er nicht selbst entgegenkommt. Auf den Credit ist nur zu bauen, so lange man nicht genöthigt ist ihn anzurufen; daher ist er auch stets der hülfreiche Gefährte glücklicher Verhältnisse und der richtigste Barometer für alle politische und finanzielle Verlegenheiten. Der Credit kennt nur Eine

Leidenschaft, und diese heißt: Gewinnsucht; er ist der Matador des Egoismus, hat kein Vaterland, keine Religion, keine Nationalität, und nur Eine Sympathie, die des Geldes.

Als vor Jahren der Bau der Eisenbahnen in Preußen begann, als die preußische Regierung sich davon überzeugte, daß es im Interesse der Monarchie und des Landes liege, diese mit einem Netz von Eisenbahnen zu durchziehen, haben wir in mehreren Druckschriften und Memoiren darauf aufmerksam gemacht, wie unerläßlich es sei, daß die Regierung selbst den Bau unternehme und namentlich unter vielen andern wichtigen Gründen hervorgehoben, daß wenn der Bau der Privatspeculation überlassen bleiben sollte, es an Geldmitteln fehlen würde ihn durchzuführen, und daß jedenfalls allen Gewerben die Betriebsmittel vertheuert und entzogen werden müßten, deren sie zu ihrem Flor bedürfen.

Leider ist alles Dieses eingetreten und der Credit, auf welchen man uns zu verweisen suchte, hat sich von dem Augenblick an zurückgezogen, in welchem das Geld seine bisherigen Adern verlassen hat, durch welche es alle Zweige des Verkehrs und der Industrie belebte. Obgleich nur erst der kleinere Theil der beabsichtigten Bauten ausgeführt ist, so zeigen sich die Folgen der veränderten Richtung der Capitalien als so verderblich, daß nur die Anwendung von schleunigen durchgreifenden finanziellen Operationen großes Unglück abwenden kann.

In Deutschland nimmt Preußen wie in politischer, so in finanzieller Beziehung eine Stellung ein, welche seinen Operationen direct oder indirect einen entschiedenen Einfluß auf das

Ganze giebt, denn die Berliner Börse influirt, besonders mit Bezug auf den Umsatz in Eisenbahn-Actien, alle anderen. Wenn daher auch in manchen Gegenden Deutschlands die Folgen nicht so rasch sichtbar werden als wie in Preußen, so werden sie früher oder später nicht ausbleiben.

In der nachfolgenden Schrift wollen wir uns gleichzeitig mit der Beleuchtung der preußischen Finanzen und den Mitteln beschäftigen, wie dem Credit, der durch die jetzige Geldkrise so heftig bedroht wird, aufzuhelfen sei, und wie dem Ackerbau, dem Handel und Gewerbe die Capitalien wieder zugeführt werden können, die ihnen jetzt fehlen.

In einem Reich wie Preußen, wo die Verfassung sich noch in der Entwickelung befindet, wo es keine Landes-Banken, sondern nur derartige königliche Institute giebt, wo die Verwaltung Alles in Allem ist, kann eine Hülfe nur von der Regierung ausgehen; nur sie hat die Mittel, die Pflicht und das höchste Interesse dazu, diese anzuwenden.

Wenn die preußische Regierung den Gründen, die ihr die Uebernahme des Baues aus Staatsmitteln anempfahlen, kein Gehör geschenkt, sondern dem Associations-Geist hier ein weites Feld des Wirkens eröffnen zu müssen glaubte, so hat doch die Erfahrung gezeigt, daß dieser Weg nicht ausreichte und der Reichthum noch nicht den Punkt erreicht habe, um so große Bauten ausführen zu können.

Unsere Vorschläge über die nothwendig scheinenden Hülfsmaßregeln hier vorzubringen, ohne auf den jetzigen Stand der preußischen Finanzen einzugehen, würde wenig Werth haben, ja alle Wirkung verfehlen; wir werden uns daher zuerst und vor Allem mit der Untersuchung des Activ- und des Passiv-Standes der preußischen Finanzen, mit den Hülfsquellen und Bedürfnissen des Landes beschäftigen, und bei den Besprechungen darüber den veröffentlichten Bericht der Staatsschulden-Verwaltung und das vom Finanz-Ministerium mitgetheilte Budjet für 1844 zum Grunde legen.

Der Gegenstand selbst, den wir dadurch berühren, nimmt ohnehin schon das allgemeine Interesse im hohen Grade in Anspruch, nicht allein wegen seines Einflusses auf die äußere Macht des Staats und die innere Wohlfahrt des Volks, sondern weil die Finanzen von wesentlichem Einfluß auf die Entwickelung der Verfassung sind. Jedenfalls bleibt es unmöglich, ohne die preußischen Finanzen und ihre bisherigen Operationen und die Wirkung, die sie gehabt haben, zu kennen, irgend eine Ansicht über bedeutende finanzielle Maßregeln weder zu begründen, noch die Regierung oder das Publikum von dem Werth oder Unwerth derselben zu überzeugen.

In den nachfolgenden Blättern werden wir uns daher: erstens mit der Staatsschuld, dem Anwachsen oder der Abnahme des mobilen Staats-Vermögens und dem Staatscredit beschäftigen, so viel dies überhaupt bei der Beschränktheit des mitgetheilten Materials möglich sein wird. Zweitens das vom Finanz-Ministerium veröffentliche Budjet näher beleuchten und mit Bemerkungen versehen und demnächst die Endresultate beider zusammenfassen, um daran diejenigen Verbesserungs-Vorschläge zu knüpfen, welche unserer Ansicht nach im Interesse der Regierung und des Landes in vielfacher Beziehung gleich wünschenswerth erscheinen.

Im Laufe der Erörterung der eben bezeichneten Gegenstände werden wir zuweilen darauf hinweisen, daß wir vor manchen Maßregeln gewarnt, und ihre jetzt eingetretenen verderblichen Folgen vorhergesagt haben; wir bevorworten, uns dies nicht als Ruhmsucht auszulegen, es geschieht nur, um zu beweisen, daß die Ansichten, von denen wir schon immer ausgegangen sind, richtig sein müssen, da die aus ihnen gezogenen Schlußfolgen sich leider nur zu bewährt erwiesen haben und daher weitere Beachtung verdienen.

Aber keineswegs täuschen wir uns darüber, wie wenig Hoffnung vorhanden sei manche Reformen, die das Hauptübel an der Wurzel angreifen, in Erfüllung gehen zu sehen, wenn auch die Nützlichkeit derselben in die Augen fällt. Die Umstände sind oft stärker als der Wille.

Preußen ist noch viel zu sehr ein Beamten-Staat, um es nicht anmaßend zu finden, wenn Jemand, der nicht der Verwaltung angehört, ihr Rathschläge zu ertheilen versucht. Inzwischen soll uns dies nicht abschrecken gewisse Sätze immer wieder zu bevorworten, denn die Wahrheit hat das Eigenthümliche, daß je älter sie wird, um so mehr verliert sie das Herbe, welches ihr im ersten Augenblick beiwohnt.

Ueber die Verwaltung der Staatsschulden und deren Resultate.

Die Kriege vom Jahre 1807 bis 1815 und die unermeßlichen Opfer, die sie gefordert, verbunden mit den Veränderungen in dem Besitze mancher Landestheile, hatten die preußischen Finanzen sehr verwickelt. Mehrere Gesetze und Verordnungen, zu Anfange des Jahres 1820 erlassen, ordneten jedoch das Staatsschulden-Wesen und den Staatshaushalt. Ein Tilgungsfond ward errichtet, und das Gleichgewicht in den Einnahmen und Ausgaben des Staats hergestellt. Unstreitig ward hierdurch der Grund zu dem später im Allgemeinen günstigen Stand der Finanzen gelegt.

In der Verordnung vom 17. Januar 1820 war bestimmt worden, daß in der Folge alle zehn Jahre eine neue, den Umständen gemäße, Tilgungsperiode eintreten solle; mit dem Jahre 1842 ist nun wieder eine solche zu Ende gegangen, und auf Befehl des Königs der Bericht der Staatsschulden-Verwaltung über die Resultate ihrer Thätigkeit zur öffentlichen Kenntniß gebracht worden. In dieser Bekanntmachung und in der speziellen Auseinandersetzung der Operation, zu welcher die verwaltende Behörde sich gezwungen gesehen hat, um theils die verschiedenen Staatsschulden auf einen niedrigen Zinsfuß zu bringen, anderntheils die vielen einzelnen, vom Staate übernommenen Schulden auf gleiche Währung zu setzen, und wo möglich in Staatsschuldscheine umzuschreiben, liegt unverkennbar die Absicht, daß sich das Land von der Sorgfalt überzeugen solle, mit welcher dieser wichtige Verwaltungszweig behandelt worden ist; aber es liegt zugleich eine Aufforderung darin, sich über die gemachten Mittheilungen auszusprechen.

Um den Leser in den Stand zu setzen, sich selbst von der Richtigkeit unserer etwanigen Bemerkungen und darauf gebauten Schlußfolgen zu überzeugen, und auch die kleineren Details, die wir übergehen zu müssen glauben, kennen zu lernen, theilen wir den Bericht des Ministers Rother an Seine Majestät den König in der Anlage A. originaliter mit, jedoch in solchen Punkten abgekürzt, welche kein Interesse für das Publikum haben, wie zum Beispiel: wo die Cassenanweisungen nachgemacht worden sind.

Wenn wir nun zuvörderst auf das Hauptresultat der Operation der Schulden-Verwaltung zurückgehen, so hat sich die verbriefte Staatsschuld von dem Zeitpunkte des Erlasses des Gesetzes vom Januar 1820 bis ultimo 1842, von 217,975,517 Thalern *) auf 150,103,434 Thlr. 14 Sgr. 4 Pf. vermindert, mithin um 67,872,083 Thlr.; von der obigen Summe werden

*) Im Laufe des Abwickelungs-Geschäfts sind in Folge nothwendig gewordener kleiner Ausgleichungen noch mehrere, jedoch unbedeutende Summen hinzu-, einige jedoch wieder abgekommen, welche wir hier übergehen, um die Uebersicht nicht zu erschweren, welche aber in der Anlage A. nachgesehen werden können.

jedoch nur 138,861,087 Thlr. verzinset, da sich 11,242,347 Thlr. Cassenanweisungen darunter befinden, die keine Zinsen tragen.

Daß eine solche Staatsschuld für eine Monarchie wie die preußische, welche einen großen Theil davon in ihren eigenen Fonds verschließt und deren Domainen und Forsten den doppelten Werth dieser Summe betragen, höchst unbedeutend erscheint, unterliegt keinem Zweifel. Inzwischen giebt es noch mehrere nicht unbedeutende Schuldposten, die bis jetzt nach den Bestimmungen der Staats-Schulden-Verordnung vom 17. Januar 1820 dieser Behörde nicht überwiesen werden konnten, und daher aus anderen Staatskassen ihre Verzinsung und Amortisation erhalten, wie das Budjet dies besagt.

Allein wenn diese Posten auch in den Listen der Staatsschulden aufgenommen worden wären, so würde dies nichts in der Ansicht ändern, daß die preußische Staatsschuld mit Berücksichtigung der Hülfsquellen nur unbedeutend sei und kein einziger der übrigen großen europäischen Staaten sich eines so günstigen Verhältnisses der Staatsschuld zu dem Staatsvermögen und den Einnahmen erfreue.

Nicht besonders günstig stellt sich dagegen die Rechnung, in wiefern sich das Staatsvermögen selbst in dem Zeitraum von 1833 bis 1842 verbessert habe. Wir wollen hier keineswegs auf die frühere Zeit und auf die Verluste zurückgehen, die in Folge des zu wohlfeilen Verkaufs der Domainen eingetreten sind, sondern uns an die Rechnungsperiode von 1833 bis 1842 halten, in welcher eine Tilgung von 24,895,355 Thalern erfolgt sein soll.

Zu dieser Summe sind durch den Verkauf von Domainen und durch Ablösungen von baaren Gefällen, mithin durch die Veräußerung von Staatsvermögen eingegangen 14,792,072 Thlr., diese dem Rechnungsbestande aus der vorigen Periode mit . . . . 719,921 „

hinzugerechnet, giebt in Summa	15,511,993 Thlr.
Die ganze getilgte Schuld, wie sie aus dem Bericht sub A. hervorgeht, beträgt . .	24,895,355 Thlr.,
von diesen die obigen	15,511,993 „
abgezogen, da sie nur in der Rechnung durchlaufen, bleiben	9,383,362 Thlr.
Von dieser Summe kommt jedoch laut Bericht noch in Abzug die in diese Periode fallende Verminderung des allgemeinen Betriebs-Fonds mit	3,129,816 „
es hat sich daher das Staatsvermögen in diesem Zeitraume nur um	6,253,546 Thlr.

durch Abtragungen aus den Staatsrevenüen *) verbessert, wobei unbedeutende Hin- und Herrechnungen übergangen sind.

Hieraus folgt aber keinesweges, daß sich deshalb die Gesammtschulden-Masse um so viel verbessert habe, im Gegentheil, diese ist theils vielleicht noch aus früheren Uebertragungen, theils durch neue Darlehen bedeutend angewachsen. Es beruht vor Allem auf einem Irrthume, wenn man glaubt, der Bericht der

*) Obige Zahlen ändern sich, wenn noch baare Fonds der Uebertragung vorhanden sein sollten, welche aber immer nicht bedeutend sein können. —

Schulden-Verwaltung enthalte eine Uebersicht des Activ- und Passiv-Vermögens des Staats. Dies ist keinesweges der Fall, sondern diese Behörde berichtet nur über den Theil der Staatsschuld, der ihrer Verwaltung anvertraut ist.

Für das Land hat dies allerdings auch einiges Interesse, aber nur ein mehr untergeordnetes; worin dies besteht, darauf werden wir weiterhin zurückkommen. Viel bedeutender ist dagegen die Frage: verbessert oder verschlimmert sich das eigentliche Vermögen des Staats, weil hierin gleichsam die Probe liegt, inwiefern sich die Staats-Einnahmen und Ausgaben ausgeglichen haben, ob die Etats richtig auf die Hülfsquellen des Landes berechnet gewesen sind, oder ob vielleicht manchen Gegenständen von untergeordnetem Nutzen zu große Summen gewidmet wurden.

Preußen ist ein Reich, welches sich eine Stellung in den europäischen Staaten gegeben hat, die es nur durch die größte Ordnung im Staatshaushalt, durch die möglichste Entwickelung seiner finanziellen Kräfte und eine weise Benutzung derselben behaupten kann, ohne das Land zu erschöpfen. Dies wird allgemein gefühlt, sowie die Gefahr, in welcher der innere Wohlstand und die äußere Unabhängigkeit schwebt, wenn die Finanzen des Staats nicht mit der Umsicht geleitet werden sollten, welche die Verhältnisse fordern.

Niemand kann es daher befremden, wenn sich allgemein der Wunsch ausspricht, die finanziellen Verhältnisse des Landes näher zu kennen und um so weniger, als manche Zeichen vorhanden sind, die Hülfsquellen des Landes könnten höher benutzt, die Finanzen des Staats und des Volks viel blühender sein, wie sie es sind. Bis auf die neueste Zeit herrschte über die wirkliche Staats-Einnahme und den Bedarf des Staatshaushalts ein tiefes Dunkel, welches durch die früheren sparsamen Mittheilungen nichts weniger wie erhellt worden war. Desto erfreulicher ist es, daß der Monarch dem Lande wenigstens einen etwas tiefern Einblick in die finanziellen Verhältnisse durch das neueste Budjet erlaubt und es überhaupt gestattet hat, daß auch die Presse sich über die bestehenden Mängel und Unvollkommenheiten aussprechen und die Mittel vorschlagen darf, wie diesen abzuhelfen sei.

Die Frage, um welche es sich zuvörderst handelt, wird nun die sein: hat sich das Staats-Vermögen in dem Zeitraum von 1833 bis 1842 vermehrt oder vermindert? Der Regierung selbst möchte es schwer werden sie vollständig zu beantworten, da bei der Trennung der Finanz-Partie eine Uebersicht sehr erschwert wird, und da man, wie es scheint, wenig Werth darauf gelegt hat vollständige Zusammenstellungen zu fertigen. Um so mehr dürfen wir auf Nachsicht rechnen, da uns nur ein sehr unvollständiges Material vorliegt; inzwischen wird sich doch manches nicht unwichtige Resultat selbst aus diesem ziehen lassen.

Wie hoch sich die verbriefte Staatsschuld beläuft, ist schon mitgetheilt und wie bedeutend diese geschwunden ist; ferner ist nachgewiesen, daß sich der status bonorum, so weit die Staatsschulden-Verwaltung diese nachweiset, durch die Abtragungen aus den Revenüen um circa 6,253,546 Thaler verbessert hat, und aus dem sub A. angeschlossenen Berichte geht hervor, daß die Abtragungen noch bedeutender gewesen sein würden, wenn nicht durch die Operation der Zinsen-Reduction, welche 494,866 Thlr. an den jährlichen Ausgaben spart, bedeutende Opfer gefordert worden wären.

Während nun obige Verminderungen der Staatsschuld erfolgt sind, hat die Regierung sich genöthigt gesehen, auch neue Schulden zu machen, welche wir hier, soweit sie aus dem Bericht des Finanz-Ministeriums hervorgehen, aufführen werden:

1) Ist durch die Prämien-Anleihe, welche die Seehandlung contrahirt hat, und die, da diese ein Staats-Institut ist, als Staatsschuld betrachtet werden muß, ein Capital negocirt, welches Ende des Jahres 1842 noch circa 10,749,902 Thlr. betrug.

2) Im Ausgabe-Budjet ist bei 13. eine Summe von 576,000 Thlr. zur Verzinsung und Tilgung eines Capitals ausgeworfen, welches früher zum Bau von Kunststraßen aufgenommen worden ist. Ob die hier erwähnte Anleihe mit der Prämien-Anleihe gleichbedeutend ist, geht nirgends mit Bestimmtheit hervor. Der Umstand, daß bei der Prämien-Anleihe die Einnahme aus den Chausseen als Pfand benannt worden sind, spricht dafür; dagegen wieder, daß in dem letzten Budjet die Ueberschüsse der Bank und Seehandlung ganz übergangen sind, welches auf die Vermuthung leitete, diese konnten vielleicht die Bestimmung erhalten haben, die Zinsen- und Tilgungs-Raten der Prämien-Anleihe zu decken.

3) Unter Nr. 3 a. des Ausgabe-Budjets sind unter der etwas unverständlichen Ueberschrift: Entschädigungen für aufgehobene Rechte und Nutzungen 254,110 Thlr. ausgeworfen; da

in den Erläuterungen gesagt wird, daß seit 1841 von den Einnahme-Ueberschüssen bedeutende Ablösung bewirkt worden wäre, wodurch sich diese Ausgabe um 72,890 Thlr. vermindert hätte, so repräsentirt sie eine Schuld, die à 4 pro Cent capitalisirt 6,352,750 Thlr. groß sein wird.

4) Gleichfalls unter Nr. 3. des Ausgabe-Budjets bei c, a wird der Betrag der Zinsen für eingezogene Amts-Cautionen auf 211,845 Thlr. angegeben; nach dem Zinsfuß von 4 p. C. berechnet, wird diese Capitalsschuld sich auf 5,296,125 Thlr. belaufen.

5) In derselben Nummer des Ausgabe-Budjets werden für Verzinsung eingezogener Stiftungs-Capitalien und Abbürdung temporairer Vorschüsse anderer königlichen Cassen 358,840 Thlr. ausgesetzt, und da in den Erläuterungen gesagt wird, daß 171,000 Thlr. von dieser Summe zur Verzinsung der der Wittwen-Casse gehörigen Capitalien verwandt würden, so kann jedenfalls als Minimum der Schuld eine Summe von 4,275,000 Thlr. in Ansatz gebracht werden.

Mit Fortlassung des Postens ad 2) wird nach vorstehender Berechnung die Gesammtsumme der der Schulden-Verwaltung nicht mit überwiesenen Passiva 26,673,777 Thlr. betragen, mithin sich hiernach die Staatsschuld um circa 20 Millionen vermehrt haben. Es würde sehr voreilig sein, wenn man hieraus folgern wollte, das Staatsvermögen habe sich um eben so viel vermindert, denn es kann ja sein, daß sich auch das Vermögen auf andern Punkten wieder vermehrt habe. Dieser Fall besteht wirklich, und wenn auch bis jetzt aus der Höhe desselben ein Staatsgeheimniß gemacht wird, so ändert dies das Factum selbst wohl nicht; denn erstens ist es außer Zweifel, daß seit dem Jahre 1833 im Staatsschatz bedeutende Summen während der Regierung des vorigen Königs angesammelt worden sind — wie bedeutend, ist unbekannt; allein da seit dem Antritt der neuen Regierung keine oder höchst unbedeutende Zuflüsse im Schatz erfolgt sind, so kann man annehmen, daß dieser die baaren Fonds enthalte, um die Armee mobil zu machen, da dies stets als eine Art Lebensfrage betrachtet wird. Wäre dies aber, wie sehr wahrscheinlich, der Fall, so würde das im Schatz niedergelegte Capital wenigstens der Summe gleichkommen, um welche die Staatsschuld sich vermehrt hat, und sie mithin allein schon decken.

Zweitens müssen die Fonds der königlichen Haupt- und vieler Töchterbanken jedenfalls bedeutend sein. Während der Kriegsjahre von 8 bis 15 war dies nicht der Fall, und auch viele Jahre nach dem Kriege nicht, allein die damals zum Theil in Polen angelegten Fonds der Bank, welche man bereits für verloren hielt, sind bei den spätern bessern Zeiten, — sind wir gut unterrichtet, — wieder flüssig geworden, auch kann man annehmen, daß, wenn die Ueberschüsse nicht zur Verzinsung und Tilgung der Prämien-Anleihe verwandt werden, sie zur Verstärkung des Fonds beider Geld-Institute durch die Zinsen des Fundations-Capitals und durch die Ueberschüsse dienen, da beide im Budjet nicht genannt werden, und es wohl nicht anzunehmen ist, daß sie gar keine Einnahme gewähren sollten. *)

*) Es ist von anderen Seiten her getadelt worden, daß die Bank und Seehandlung ihre Ueberschüsse nicht angeben, — allein dies läßt sich wohl

3tens. Auch die königliche Seehandlung konnte unmöglich die bedeutenden und oft großartigen Geschäfte, die sie in so vielen Zweigen macht, ohne sehr bedeutende eigene Fonds unternehmen, und es ist nicht zu bezweifeln, daß sie diese besitze, und sehr wohl zu begreifen, daß der in Geldgeschäften so erfahrene Chef derselben diese in Zeiten wie die jetzige zu verstärken sucht, und daher Zinsen und Ueberschüsse besser zu benutzen weiß, als sie zu den laufenden Staatsbedürfnissen abzugeben, welche deren auch wohl nicht bedürfen.

Außer den Activis, welche der Staat ohne alle Frage in seinem Schatz und den Fonds der Bank und Seehandlung besitzt, und die jedenfalls viel bedeutender sein müssen als die neu aufgenommenen Schulden, scheinen auch noch in den Depositalfonds der Staatsschulden-Verwaltung nicht unbedeutende Activa enthalten zu sein. Das Dunkel, in welches dieser Theil der Nachweisung gestellt ist, schließt jede Berechnung darüber aus; inzwischen können wir einen Umstand nicht unbemerkt lassen.

Unter diesen Depositis sind auch die 14,500,000 Thaler Staatsschuldscheine enthalten, welche für eine, auf gleiche Höhe in Cours gesetzte Summe Cassenscheine niedergelegt sind; von ersteren bezieht die pommersche ritterschaftliche Bank die Zinsen von 500,000 Thalern, die Zinsen der von den Königlichen Geldinstituten für empfangene Cassenscheine niedergelegten Staatsschuldscheine unstreitig diese; dagegen die der

dadurch rechtfertigen, daß, wenn es geschähe, man die Höhe ihrer Fonds leicht ermitteln könnte, welches man vielleicht den fremden Börsen gegenüber nicht rathsam findet.

Regierung verbleibenden, letztere. Da nun sämmtliche Staatsschuldscheine laut Bericht verzinset worden sind, so muß sich doch aus dem Antheil, den die Staatskassen empfangen, ein Fonds gebildet haben. In dem Budjet wird keiner Verminderung der Verzinsung erwähnt; die Schulden-Verwaltung schweigt ebenfalls darüber, daher ist wohl anzunehmen, daß jene sich unter den Depositis befinden müssen.

Endlich, um gerecht zu sein, muß noch in Rechnung gebracht werden, daß zum Chausséebau ein Capital von 48 Millionen Thaler verwandt worden ist, wie wir weiterhin zeigen werden.

So offen wir selbst bekennen müssen, daß die hier mitgetheilten Nachweisungen höchst unvollkommen und wenig belegt sind, so geht doch jedenfalls aus ihnen hervor, daß sich das Staatsvermögen nicht wie Manche annehmen vermindert, sondern wahrscheinlich eher verbessert hat. Nur weil die Regierung nicht für gut findet, eine vollständige Uebersicht des Activ- und Passiv-Vermögens zu geben, vielleicht es auch wegen fehlender Uebersicht nicht im Stande ist, erscheinen die Gesammt-Resultate nachtheiliger als sie es sind.

Wenn wir uns nun wieder dem Bericht der Staatsschulden-Verwaltung und den Ergebnissen desselben zuwenden, so scheint die Absicht bei seiner Publication wohl keine andere gewesen zu sein, als nachzuweisen, die Regierung habe den Staatsgläubigern gegenüber im Allgemeinen ihre Verpflichtungen erfüllt; dagegen steht fest, daß dieser Bericht dem Lande keine Uebersicht von dem Zustande unserer Finanzen gewährt, wenigstens keine, wie sie das Gesetz vom 17. Januar 1820 in Aussicht stellt.

Da das preußische Volk von den loyalen und landesväterlichen Gesinnungen Sr. Majestät des Königs, seiner Gerechtigkeit und Freisinnigkeit schon so viele Beweise erhalten hat, so ist nicht zu bezweifeln, daß derselbe den Wünschen seines Volks, den Stand der Finanzen zu erfahren, entgegenkommen würde, wenn er es vermöchte; allein es ist nachzuweisen, daß bei der jetzt bestehenden Zerspaltung der Finanz-Verwaltung dies so gut wie unmöglich, und es daher nöthig sei, hierin eine Aenderung zu treffen.

Als ein anderweitiges Resultat des in Rede stehenden Berichts ergiebt sich dagegen, daß die Staatsschulden-Verwaltung die ihr übertragene Operation mit Umsicht, Consequenz und Geschick nach einem festen Plane verfolgt und sich der Chef derselben um seinen Herrn und das Land wesentliche Verdienste erworben hat.

Nicht allein aus dem letzten, sondern auch schon aus den früheren Berichten ergiebt sich die Beharrlichkeit, mit welcher dieser die verschiedenen Staatsschulden auf dasselbe Zeichen und gleiche Währung zu setzen bemüht gewesen ist, und sind wir gut unterrichtet, so wird diese Operation mit Ausnahme der englischen Anleihe, wo Verträge es hindern, im Laufe des nächsten Jahres beendigt werden.

Eine der wichtigsten Operationen der Staatsschulden-Verwaltung hat in neuester Zeit darin bestanden, den Zinsfuß der Staatsschuldscheine auf $3\frac{1}{2}$ pro cent. herunter zu setzen.

Der große Credit, dessen sich die Regierung erfreute, und die gleichzeitige für den Augenblick verbreitete Meinung wegen

Ueberfluß an Capital, machte eine Convertirung möglich, und aus dem Gesichtspunkt der Schulden-Verwaltung, deren Aufgabe es war, die directen Interessen ihrer Partie wahrzunehmen, betrachtet, verdient sie daher alle Anerkennung, denn sie bewirkte den Staatscassen jährlich eine Erleichterung von 494,866 Thlrn. 22 Sgr. 6 Pf. an den Zinsen.

Dennoch können wir uns aus dem höheren national-ökonomischen Gesichtspunkte und aus dem allgemeinen der Gesammtwohlfahrt betrachtet, mit dieser Maßregel nicht unbedingt einverstanden erklären, und schon deshalb nicht, weil andere Behörden nicht in gleichem Sinne mitgegangen sind.

Bei allen Operationen, durch welche man auf die Gewerbthätigkeit und den Geldverkehr wesentlich einwirkt, muß man sehr vorsichtig sein, und sollte eigentlich weder der Zeit vorgreifen, noch die äußern Verhältnisse und die nächst zukünftigen Zeiten und Bedürfnisse unberücksichtigt lassen.

Als sich die landschaftlichen Credit-Institutionen der Mark, von Pommern, Ost- und Westpreußen, Schlesien entschlossen, die Zinsen von 4 pro cent. auf 3½ herunter zu setzen, und die Regierung diesem Beispiel folgte, war der übliche und durch das wirkliche Bedürfniß gebotene Zinsfuß, wenigstens im großen Durchschnitt gerechnet, 4 und 5 pro cent., und nur die Verlegenheit, in welcher die Capitals-Inhaber sich bei dieser Massenaufkündigung versetzt sahen, ihr Geld augenblicklich anderweitig unterzubringen, sowie die Prämie von 2 pro cent., die man ihnen anbot, wenn sie in die Heruntersetzung willigten, bestimmte sie es zu thun.

Die ganze Convertirung war, vom Börsen-Gesichtspunkt betrachtet, richtig berechnet und sicher auszuführen, wie dies auch der Erfolg gezeigt hat; sie blieb aber immer eine künstliche Operation, welche sich nur zu leicht hinterher straft, wenn nicht alle anderen Operationen, die darauf von Einfluß sind, in gleichem Sinne geleitet werden.

Da wir es hier hauptsächlich nur mit dem Gelde und seiner Bewegung zu thun haben, so werden wir die anderweitigen Nachtheile dieser allgemeinen Convertirung und namentlich den Verlust, den die Minorennen, milde Stiftungen und kleine Capitalisten, die wir schon im zweiten Theile des Werkes „Preußen" zum Theil angedeutet haben, übergehen und uns auf jene Punkte beschränken.

So gewiß es nun ist, daß ein großer Theil der Inhaber der convertirten Staatsschuldscheine und Pfandbriefe sich nur durch die Verhältnisse gezwungen und mit der Hoffnung in die Reduction fügten, in dem Zeitraume von vier Jahren, in welchem ihnen die vorausempfangenen 2 pro cent. den erlittenen Abzug deckten, ihr Capital anderweitig zu besseren Zinsen unterzubringen, so natürlich war es, daß sie sich derselben zu entäußern suchten, sobald sich die Gelegenheit einer vortheilhafteren Unterbringung zeigte.

In den gewerbreichsten Ländern Europa's hatte in letzteren Jahren der Bau von Eisenbahnen dem Verkehr einen solchen Aufschwung gegeben, daß Preußen, wollte es nicht zurückbleiben, sich auch so schnell wie möglich zu einem umfangreichen Bau entschließen mußte. Hierüber bestand nur Eine Ansicht; allein sehr getheilt waren die Meinungen darüber, wer sie bauen, wie das Geld dazu aufgebracht werden sollte, ob durch Regierungs-Anleihen oder durch Privatunterzeichnungen.

Für die letztere Ansicht erklärten sich alle diejenigen Stimmen, welche auf diesem neuen Felde der Speculation ihre Hoffnungen bauten; dagegen herrschte allgemein im Lande die Ansicht, die Regierung müsse jedenfalls den Bau übernehmen, wohin sich auch entschieden die in Berlin zusammenberufenen ständischen Ausschüsse neigten und wie denn auch die meisten anderen großen Regierungen das Beispiel gegeben haben. Die Gründe, die dafür sprachen, waren auch so überwiegend, daß sie der Regierung unmöglich entgehen konnten, und wenn diese sich dennoch entschloß, den Bau der Privatindustrie zu überlassen, so konnte sie nur die Rücksicht dazu bestimmen, dann ein bedeutendes Capital negociren zu müssen, wozu nach den Bestimmungen des Gesetzes vom 17. Januar 1820 die Zustimmung der Stände erforderlich war, welche sie aber nicht verlangen wollte.

Schon früher, bevor man sich entschloß die ganze Monarchie mit einem Netze von Eisenbahnen zu überziehen, hatte man den Fehler begangen, einzelnen Actien-Gesellschaften die Concession zum Bau von gewissen Strecken zu ertheilen. Dieses waren aber solche, von welchen vorauszusehen war, daß sie die einträglichsten werden würden. Als die Regierung sich nun überzeugte, wie nöthig es sei die verschiedenen Provinzen der Monarchie durch Eisenbahnen unter sich zu verbinden, um nicht den Verkehr auf einzelne Punkte zum Nachtheil des Ganzen zu concentriren, und wie wünschenswerth zugleich aus national-öconomischen, administrativen und militairischen Rücksichten ein ausgedehnterer Bau sei, hatte man schon durch die früher ertheilte Concession auf die höhere Zinsen versprechenden Bahnen den Uebelstand herbeigeführt, den, aus dem staatlichen Gesichtspunkte aufgefaßt, eben so wichtigen Bahnen, große Opfer bringen zu müssen, während, wenn dies nicht vorangegangen wäre, die höhere Einnahme aus jenen diese mit übertragen haben würde.

Aus Einem Fehler entspringen nur zu leicht andere und daher entschloß man sich, unter einer von Seiten des Staats zu gewährenden Zinsen-Garantie, der Speculation auch den Bau der übrigen, minder günstigen Bahnen zu überlassen. Ein gänzliches Verkennen der eigenen, sowie der Landesinteressen und der Verhältnisse überhaupt, lag hierbei zum Grunde, denn man forderte etwas Unmögliches, weil es die Kräfte überstieg und die Industrie unterdrückte. Zuvörderst täuschte man sich über die vorhandenen Mittel zur gleichzeitigen Ausführung eines so umfangreichen Baues.

Preußen ist ein Land, welches zum Theil als ein armes bezeichnet werden kann. Wenn auch in einem Theile der Monarchie Grund und Boden gut angebaut ist, in andern ein reger Kunstfleiß herrscht, so fehlt es doch in dem bei weitem größeren Theile derselben dem Ackerbau, der Industrie und dem Handel an Capital, um diese bis auf einen gewissen Grad des Flors zu bringen.

Dies sind bekannte Thatsachen, und der Schein eines großen Reichthums, welcher sich in den Jahren von 1839 bis 1843 zeigte, war nur die Folge außerordentlich günstiger Conjuncturen im Getreidehandel, welcher bedeutende Summen baaren Geldes nach Preußen führte. Diese augenblickliche Verbesserung der Handelsbilance und die plötzliche Vermehrung des Geldes wirkte ungemein günstig auf den Werth aller übrigen Gegenstände und auf den schnellen Umlauf des Geldes, und dem Hasardspieler gleich, der wenn er einen glücklichen Gewinn gemacht hat, nun seinen Etat darauf einrichten zu können glaubt, bildete man sich ein, das Geld sei ohne Ende und man könne bis 150 Millionen Thaler an den Bau von Eisenbahnen verwenden.

Nicht minder täuschte man sich in dem Glauben, wenn das Geld auch fehlen sollte, so würde es aus andern Theilen Deutschlands zufließen. Zugleich aber mit Preußen bauen auch Oesterreich, Frankreich, Italien, Sachsen und fast alle Staaten Deutschlands Eisenbahnen; das Geld fließt immer dahin, wo sich ihm die besten Aussichten auf Gewinn eröffnen, und da die besseren Bahnen bereits gebaut waren, so strömte das Geld nicht von auswärts nach Preußen, sondern mehr von Preußen, und namentlich von Berlin nach auswärts, weil sich dort Aussichten auf höhern Gewinn zeigten.

Allein selbst angenommen, es wäre möglich gewesen, durch das im Lande vorhandene Geld und durch Credit die Bauten so rasch auszuführen als man es beabsichtigte, so mußte dies dem Grundbesitzer, dem Gewerbtreibenden und dem Handel die

Mittel zu ihrem Betriebe auf eine solche Weise entziehen, daß diese nothwendig ins Stocken geriethen.

Wie begründet die Ansicht derer gewesen ist, die dies annahmen, hat die Erfahrung leider bestätigt. Bis jetzt sind nur die früher begonnenen Bauten ausgeführt und einige neue in Angriff genommen und schon zeigen sich die traurigsten Folgen der künstlich auf einen Punkt hingeleiteten Capitalien. Berlin ist entschieden der Centralpunkt, in welchem sich für Preußen die Capitalien ansammeln, und doch ist die Geldnoth in Berlin nicht nur im Verkehr fühlbar, sondern so bedeutend, daß eine Menge Häuser zur Subhastation stehen, weil sie die gekündigten Capitalien nicht beschaffen können, zugleich ist der Zinsfuß höher gestiegen als er vor der Zeit der Reductionsperiode stand, ja selbst die Königliche Bank in Berlin hat sich zu einer Erhöhung desselben auf 4 bis 4½ und 5 pro cent. bewogen gefunden.

Wie in Berlin, so besteht eine allgemeine Lähmung in dem Geschäftsverkehr in einem großen Theil der Monarchie, der Seehandel liegt ganz darnieder und an allen Enden brechen Bankerotte aus. Was würde aber erst geschehen, wenn noch 80 Millionen mehr dem Verkehr entzogen werden sollten, um die verschiedenen Baupläne auszuführen? Die Regierung hat es eingesehen, auf dem früher begonnenen Wege sei der Bau der projectirten Eisenbahnen nicht ausführbar und richte das Land zu Grunde; sie hat daher eingehalten Concessionen zu ertheilen, ja den Muth gehabt, wenn auch etwas spät, den Börsenschwindel zu beschränken und dadurch eine Crisis herbeigeführt, die, je zeitiger sie eintrat, um so weniger Opfer kostete.

Vorhin ist die Behauptung aufgestellt, die Zinsen-Reduction von mehreren 100 Millionen Staatsschulden und Pfandbriefen auf $3\frac{1}{2}$ pro cent. sei durch eine künstliche Operation bewirkt, da der wirkliche Zinsfuß, welcher sich aus dem Bedürfniß an Capital im Vergleich zu den dazu disponiblen Mitteln herausbilde, nicht so niedrig gestanden habe, und daß eine solche Operation eine fernerweitige sachgemäße Behandlung fordere, wenn der Zweck, Wohlfeilheit des Geldes, durchgeführt werden sollte.

Der Minister Rother als Chef der Staatsschulden-Verwaltung und der Geld-Institute des Staats ist ein viel zu practischer Financier, um die Richtigkeit der obigen Behauptung nicht eingesehen zu haben, und wir zweifeln keinen Augenblick daran, daß wenn der Bau der Eisenbahnen zu seinem Ressort gehört hätte, er dafür gesorgt haben würde, den Bau für Rechnung des Staats auszuführen und zur Bestreitung der Kosten eine Anleihe in England zu eröffnen, um bei dem vermehrten Wirkungskreise des Geldes es nicht an Austauschungsmitteln fehlen zu lassen und den Credit im Allgemeinen nicht zu schwächen.

Bei dem hohen Stande des preußischen Staatscredits wäre eine solche Anleihe zu billigen Zinsen zu bewirken gewesen und hätte große Summen ins Land gebracht, welche in diesem ausgegeben, zugleich der Vertheuerung des Geldes und der Steigerung des Zinsfußes vorgebeugt hätten. Da bei dem Bau von Eisenbahnen sich eine Menge Capitalien als solche auflösen und in den Verkehr übergehen, so würde dieser statt wie jetzt gelähmt zu werden, befördert worden sein, und wenn demnächst der Bau der Eisenbahnen zur Vollendung gekommen wäre, so würden diese ihn blühend vorgefunden, die Capitalien aber sich wieder mit der Zeit angesammelt und den Reichthum des Landes gefördert haben.

Allein die Baupartie war einem anderen Ministerium anvertraut, welches sich seiner ganzen Stellung nach unmöglich in der Uebersicht der Geld- und Credit-Verhältnisse des In- und Auslandes befand, und daher ward die Ausführung so einseitig behandelt, als früher die Convertirung der Staatsschuldscheine von der Hauptschulden-Verwaltung.

Die nachtheiligen Folgen einer so isolirten Behandlung von Gegenständen, die in dem innigsten Zusammenhange zu einander stehen, konnten daher auch nicht ausbleiben. Indem die Regierung die Zinsen der zu Eisenbahnen verwendeten Capitalien mit $3\frac{1}{2}$ pro cent. garantirte und sich aus den Staatscassen noch zu einem eigenen verhältnißmäßigen baaren Einschuß verpflichtete, schwächte sie ihre Mittel und contrahirte eine verdeckte Staatsschuld, die zugleich alle Nachtheile einer solchen trug und auf alle Vortheile verzichtete.

Durch die Operation, den Bau so bedeutender Eisenbahnstrecken der Privatindustrie zu übertragen und durch die Bedingungen, die man den Unternehmern zustand, wurde das Publikum diesen zur Beschätzung preisgegeben und der von der Staatsschulden-Verwaltung vorgenommenen Zinsen-Reduction direct entgegen gearbeitet.

Die Staatsschuldscheine gewähren als Maximum 3½ pro cent. und sind noch einer Verlosung ausgesetzt. Die garantirten Eisenbahn-Actien gewähren 3½ pro cent. Zinsen als Minimum und außerdem die Hoffnung eines weit höheren Zinsfußes, eines um so höheren, da sie befugt sind durch Erhöhung des Bahngeldes ihre Zinsen bis zu 10 pro cent. steigern zu können. Sehr natürlich war es mithin, daß die Staatsschuldscheine, welche gleich nach der Convertirung noch 4 pro cent. Agio trugen, jetzt häufig zum Verkauf ausgeboten wurden und die Inhaber derselben sich ihrer zu entledigen suchten, um ihr Geld in Eisenbahnen anzulegen, welche ihnen weit höhere Zinsen und überdies noch einen Capital-Gewinn durch den steigenden Cours derselben in Aussicht stellen.

Da dieser Verkauf von Staatspapieren und Pfandbriefen mit dem Bedürfniß der Actionaire, die Gelder zum Bau der gezeichneten Actien einzuschießen, immer stärker wurde, so sah sich die Regierung genöthigt, um einem zu tiefen Sinken der Staatsschuldscheine vorzubeugen, diese auf der Börse aufkaufen zu lassen, und sehr möglich liegt der Grund, weshalb die Geldinstitute sich genöthigt gesehen haben, den Zinsfuß zu erhöhen, in den großen Summen, die zu diesem Zwecke verwendet werden mußten, und sie daher bestimmte ihr Darlehen indirect zu beschränken.

Nur der Aufkauf von Seiten der Regierung ist bis jetzt die Ursache, weshalb die Staatsschuldscheine noch ihren bisherigen, dem pari nahen Stand behaupten, denn sonst würden sie im Verhältniß zu dem übrigen Zinsfuß auf 90 pro cent. heruntergehen müssen. Sehr kommt es dabei zu statten, daß so viele Staatsschuldscheine in festen Händen liegen. Von den überhaupt in Cours gesetzten Staatsschuldscheinen von 99,916,275 Thlrn.

befinden sich nach dem sub A. angeschlossenen Bericht . . . 27,484,850 Thlr.
in den Staatscassen und Königlichen Fonds, und in den Deposital-Fonds 24,941,450 " ,
mithin lagen in Königlichen Cassen fest eine Summe von . . . . 52,426,200 "
bleiben . . . . 47,490,075 Thlr.

Wenn man ferner erwägt, daß von den im Cours befindlichen Staatsschuldscheinen noch ein anderweitiger großer Theil bei milden Stiftungen, bei den Pupillen-Behörden u. s. w. festliegen, und daß bedeutende Summen derselben Behufs der Erhaltung des Courses bereits aufgekauft sein mögen, so erklärt sich die Möglichkeit, die Staatsschulden bis jetzt auf pari erhalten zu haben. Sehr leicht ist es aber zu berechnen, daß dies in der Fortsetzung nicht durchzuführen sein wird, und der bisherige Weg daher verlassen werden muß, wenn der Staats-Credit nicht ernstlich bedroht werden soll.

Nicht gleichgültig kann es ferner sein, wenn die Staats-Cassen und Geldinstitute statt mit baarem Gelde, mit Staatsschuldscheinen gefüllt sind, und eben so, wenn es dahin kommen sollte die baaren Fonds des Tresor nach und nach in Schuldverschreibungen zu verwandeln, die im Fall eines Krieges nicht zu versilbern sein möchten.

Den ferneren Bau der Eisenbahnen einstellen zu wollen und es der Zeit zu überlassen, daß sich der jetzige Schaden ausheile, dazu ist man bereits zu weit gegangen und möchte schwerlich gegen diejenigen Provinzen zu verantworten sein, die von der Natur und durch ihre Oertlichkeit weniger begünstigt als die andern, zu allen Staatslasten gleich stark angezogen werden, ohne daß ihnen bis jetzt diejenigen Vortheile zufließen, deren sich jene erfreut haben; es muß mithin auf Mittel gedacht werden den ganzen Plan durchzuführen und die Nachtheile zu entfernen, die jetzt bestehn.

Unter den projectirten Bahnen giebt es zwei, deren Bau unerläßlich ist, die, welche den Westen und die, welche den Osten der Monarchie mit der Hauptstadt verbinden. In Hinsicht der ersteren Bahn, so sind wir nicht gehörig darüber unterrichtet, ob der Bau derselben vollkommen gesichert sei oder nicht und in wiefern es noch möglich wäre, daß die Regierung als Unternehmer eintreten könnte; im letztern Falle würde dies hier beiläufig gesagt, am rathsamsten erscheinen. Was die Verbindung der östlichen Provinzen mit Berlin, als dem Centralpunkt aller Eisenbahnen betrifft, so würde es den künftigen Wohlstand dieser Provinzen, die einen so wesentlichen Theil der Kraft der Monarchie bilden, aufgeben heißen, wenn man sie ausschließen oder zurücksetzen wollte. Es würde in national-öconomischer, militairischer und politischer Rücksicht ein gleich großer Mißgriff sein.

Der Bau dieser Eisenbahn, nebst den nöthigen Zweigbahnen, um Posen und Hinterpommern in das Netz hineinzuziehen, wird 30 bis 33 Millionen kosten; sollten diese dem Lande entnommen werden, so sind sie nicht vorhanden, und wollte man so langsam bauen, damit die zum Bau verwendeten Capitale Zeit hätten sich allmählig wieder anzusammeln, so würde dies den Nutzen sehr entfernen, den Bau vertheuern und den, die Zinsen garantirenden, Staatskassen große Zins-Verluste zuziehen, denn wenn diese Straßen sich überhaupt verzinsen sollten, so würden sie es doch nie eher, bis die ganze Verbindung hergestellt worden ist.

Man hat von vielen Seiten den Vorschlag gemacht, durch eine Erhöhung der Zinsen-Garantie auf 4 pro Cent den Speculationsgeist anzureizen; allein dies würde eine zweite Auflage des früheren Mißgriffs sein, und zwar eine noch weit verderblichere. Undenkbar scheint es, daß nach den gemachten Erfahrungen eine Behörde es wagen sollte, dem Könige einen solchen Rath zu ertheilen, denn die Folgen würden unzweifelhaft dahin gehen, daß der Cours der Staatspapiere, der Pfandbriefe und der übrigen Eisenbahn-Actien noch mehr heruntergedrückt und den Unternehmern der noch nicht fertigen, nur mit 3½ pro Cent garantirten Bahnen, das Geld vertheuert würde und was das schlimmste wäre, daß die Gewerbe und der Handel völlig zu Grunde gingen.

Wenn Preußen eine Verfassung hätte, in welcher eine Bürgschaft bestände, daß das einmal Beschlossene beim Wechsel der Beamten und ihrer Ansichten nicht wieder zurückgenommen werden könnte, so würden die Engländer, die sich so stark beim Bau der französischen Eisenbahnen betheiligen, auch dasselbe in Preußen thun. Aber der Engländer borgt sein Geld zwar sehr bereitwillig dem absoluten Könige von Preußen, hat aber kein Vertrauen zu Unternehmungen in dem absoluten Preußen.

Doch selbst wenn man 4 pro Cent. garantirte und von den Aktien-Zeichnern auch weit höhere Anzahlungen gefordert würden als bisher, so wird die Bahn nimmermehr zu Stande kommen, und eben so wenig werden manche andere fertig werden, wenn die Regierung nicht für die nöthigen Geldmittel sorgt und ihren Geldinstituten die Mittel verschafft, den Verkehr kräftig zu unterstützen. Dies ist um so unerläßlicher, da, wie sich vor einigen Jahren die Handels-Bilance durch Mißwachs in England ungewöhnlich günstig für Preußen stellte, diese jetzt ungewöhnlich ungünstig ist. Der Verbrauch der Colonialwaaren bleibt derselbe, die Eisenbahnen führen immer größere Summen nach England und die Producte des Bodens werden dort nicht verlangt.

In dem zweiten Theile des Buches „Preußen" haben wir schon die nachtheiligen Folgen vorausgesagt, welche die Entziehung der zu den Eisenbahnen erforderlichen Capitalien dem ganzen Lande bringen würden; mit noch weit größerer Gewißheit sagen wir es voraus, daß für das ganze Land und für den innern Wohlstand eine sehr trübe Zeit eintreten wird, wenn die Regierung sich nicht dazu entschließt durch richtig berechnete finanzielle Operationen dem gedrückten Geldmarkte zu Hülfe zu kommen, und das Geld in diejenigen Adern zurückzuführen, in welchen jetzt der Umlauf stockt.

Wollte man damit zögern, so werden die Verhältnisse die Regierung doch am Ende dazu zwingen und je länger zweckdienliche Maßregeln verschoben werden, je schwieriger wird die Heilung des Uebels, je größer die Opfer, welche sie fordern.

Durch welche Finanz-Operation es der Regierung möglich sein wird sich die Mittel zum eigenen Bau zu verschaffen, den Credit der Staatspapiere und Pfandbriefe aufrecht zu erhalten und dem Verkehr die Mittel zu seinem Betriebe zurückzuführen, darüber werden wir unsere Vorschläge erst weiterhin mittheilen, nachdem wir den Leser vorher mit dem Zustande des Staatshaushalts und mit den Hülfsquellen und Bedürfnissen der Regierung bekannt gemacht haben werden.

Haupt-Finanz-Etat für das Jahr 1844.

Diesen durch die A. P. Zeitung unter dem 19. April amtlich mitgetheilten Haupt-Finanz-Etat für 1844 theilen wir in der Anlage B. mit, um selbst die Richtigkeit unserer Angaben vergleichen zu können.

Wie bei dem Bericht der Staatsschulden-Verwaltung, so auch bei der Mittheilung des Budjets, ist eine offenere Sprache der Regierung zum Volke, als dieses bisher gewohnt war, dankbar zu erkennen und giebt wenigstens der Hoffnung Raum, daß es bei diesem ersten Schritt nicht sein Bewenden haben wird. Besonders geben die, auf Befehl Sr. Majestät des Königs mitgetheilten Erläuterungen Gelegenheit, wenigstens in einigen Punkten, tiefer in den Zustand des Haushalts einzudringen, als die todten Zahlen des Budjets selbst es erlauben.

In der Cabinets-Ordre vom 17. Januar 1820 hat der Monarch selbst anerkannt, daß er sich verpflichtet fühle sein Volk in die vollständige Kenntniß des wahren Zustandes der Finanzen zu versetzen. So heißt es unter Anderem: „damit Jedermann von dem wahren Zustande der Finanzen des Staats vollständig unterrichtet werde und sich überzeuge, daß nicht mehr an Abgaben gefordert werde als das dringende Bedürfniß für die innere und äußere Sicherheit, so wie zur Erfüllung der zum wahren Vortheil und zur Erhaltung des Staats eingegangenen Verpflichtungen unumgänglich nöthig macht, so soll der bereits erwähnte Haupt-Finanz-Etat nach erfolgter Prüfung und Feststellung ebenfalls zur öffentlichen Kenntniß kommen u. s. w."

Wäre dieser Wille des hochseligen Königs in Erfüllung gegangen, wäre der wahre Zustand der Finanzen vollständig dem Lande vorgelegt und der Nachweis geführt worden, daß den Unterthanen nicht mehr Steuern abgefordert würden, als das dringendste Bedürfniß es fordere, so würde der Finanz-Zustand des preußischen Volks und in Folge dessen der Regierung ein unendlich blühenderer sein als gegenwärtig der Fall ist. Allein diese Verheißungen sind nicht in Erfüllung gegangen, und obgleich der hochselige König und der jetzt regierende, Beide der Verwaltung aufgegeben haben durch Erläuterungen bei Bekanntmachung des Budjets die obige Verheißung zu lösen, so ist dies wenigstens auf keine befriedigende Weise geschehen.

Zwar haben in dem vorliegenden Budjet einige Behörden, und namentlich der Finanz-Minister von Bodelschwingh, wie es der Regierung so würdig ist, offnere Mittheilungen gemacht, als deren sich das Land bisher erfreute, welches ehrend anzuerkennen ist; wenn diese dennoch keine befriedigende Uebersicht von dem Zustand der Finanzen gewähren, so liegt der Grund davon in dem ganzen Organismus der Finanz-Verwaltung, wie wir dies nachweisen werden.

Vorhin ist behauptet worden, die Finanzen des Staates und des Volkes könnten weit blühender sein, wenn die Verwaltung dem Lande eine vollständige Nachweisung von den Staats-Einnahmen und Ausgaben hätte ablegen müssen. Dies ist vollkommen richtig, denn es hätte dahin geführt auch die jährlichen Einnahme-Etats der ganzen Monarchie zu entwerfen, welches jetzt jährlich nur in einem Drittel der Monarchie geschieht; es hätte dahin geführt, daß die Verwaltung sich selbst und Andern Rechenschaft von der Einnahme und Ausgabe abzulegen gezwungen gewesen wäre, ferner hätte eine wirkliche Rechnungslegung zu der Ueberzeugung geführt, daß bei der Zerstückelung der Finanzpartien keine allgemeine Uebersicht zu gewähren möglich sei und noch weniger die nothwendige Einheit in den Finanz-Operationen zu erhalten.

Mit Bestimmtheit kann man annehmen, daß wenn der Monarch in diesem Augenblick die verschiedenen Finanz-Verwaltungen aufforderte, ihm eine vollständige Uebersicht der Gesammtheit aller Staats-Einnahmen vorzulegen und die Brutto- und Netto-Erträge zu sondern, diese eingestehen würden, daß sie es nicht vermöchten. Selbst eine Uebersicht von dem ganzen Staatsvermögen möchte schwer zu gewähren sein, da es so viele abgesonderte Cassen giebt, die mit mehr oder weniger Fonds versehen sind. Ein anderweitiger großer Vortheil würde endlich noch aus einer vollständigen Vorlegung des Staatshaushaltes entsprungen sein und zwar der, daß nun die öffentliche Meinung sich darüber hätte aussprechen können.

Wenn die Behörden genöthigt sind, gewissermaßen Rechenschaft davon abzulegen, warum sie nicht höhere Rein-Erträge gewinnen, aus welchen Gründen sie manche Ausgaben gemacht haben und wenn sie wissen, daß ihre Handlungen einer öffentlichen Critik unterworfen stehn, so überlegen sie es gewiß recht gründlich, ehe sie so etwas bekannt machen, und wenn sie etwas übersehen oder sich in einem Punkte geirrt haben und die Presse hebt dies, mit guten Gründen unterstützt, hervor, so werden sie sich einer Abänderung nicht entziehen können.

Wenn wir den Gehalt der finanziellen Operationen, wobei wir die der Staatsschulden-Verwaltung ausnehmen, und der Finanz-Maßregeln überhaupt ins Auge fassen, so ist seit vier und zwanzig Jahren ein allgemeiner Stillstand eingetreten. Alle guten Finanz- und Steuer-Einrichtungen, deren wir uns zu erfreuen haben, datiren sich aus einer früheren glorreichen Zeit, allein diese sollte damals nur die Einleitung zu einem vollendeteren Ganzen bilden und war nur als der Uebergang aus einer früheren höchst mangelhaften Finanz-Verwaltung zu einer bessern, auf ein richtigeres System gebauten zu betrachten. Der demnächst eingetretene Stillstand hat mit der weiteren Entwickelung auch das System in Vergessenheit gebracht, und wir besitzen keines mehr, wie das häufige Schwanken und die bekämpfenden Maßregeln der einen Finanz-Partie gegen die andere, so wie die Rückkehr zur Fiscalität beweisen. *)

Die Noth, diese größte Wohlthäterin der Menschen wie der Völker hatte damals das Talent um Hülfe angerufen; mit der Noth sind die Helfer verschwunden, und vielleicht wird es erst zu neuen Verlegenheiten kommen müssen, um sich wieder an diese zu wenden. Hierin erblicken wir ein gewagtes Spiel, inzwischen ist alle Hoffnung vorhanden, daß eine solche Appellation bald eintreten könnte.

Preußen hatte früher ausgezeichnete Männer in der Steuerverwaltung, namentlich einen Hoffmann und viele Andre mehr. Einen großen Finanzier hatte es noch nie und kann ihn auch, in dem richtigen Sinne des Worts genommen, schwerlich eher bekommen, bis die Finanzen einst in Eine Hand gelegt sein werden, und die Stände und die öffentliche Meinung die Controlle führen. Weshalb wir gegenwärtig so arm an Finanz-Männern und an einer höheren finanziellen Einsicht sind, ist vorhin

*) Die Fiscalität ist eine doppelte und hat ihren Grund einmal in den fiscalischen Rechten der Krone, und zeigt veraltete Ueberreste aus einer Zeit, wo die Begriffe oft mit einander verwechselt wurden. Gegen diese fiscalischen Rechte sind von vielen der letzten Landtage Petitionen eingereicht und der Monarch ist auf die Wünsche der Stände eingegangen, und hat Zusicherungen ertheilt, die aber von der Verwaltung nicht weiter beachtet scheinen.

schon ausgeführt worden. Allein so viel Edelmuth auch in den vorhin mitgetheilten königlichen Worten lag, so erscheinen sie doch weniger praktisch und sind deshalb auch nicht zur That übergegangen.

Einem Volke und Jedermann in selbigem eine so vollständige Uebersicht von dem wahren Zustande der Finanzen zu geben, daß daraus hervorgehe, es würden nicht mehr Steuern verlangt als der dringende Bedarf fordere, ist etwas Unausführbares, und politisch betrachtet, Mißliches; dagegen wünschenswerth, diese den Vertretern des Volks vorzulegen, das Interesse der Krone und des Landes sind gleich nahe dabei betheiligt.

Was nun das Budjet von 1844 betrifft, zu dessen spezieller Beleuchtung wir jetzt übergehen, so müssen wir bevorworten, daß es nicht die Absicht sei hier sämmtliche Punkte einer Critik zu unterziehen, gegen welche sich Manches mit Grund sagen ließe, sondern nur diejenigen hervorzuheben, deren wir zur Unterstützung des uns vorgesetzten Zwecks bedürfen. Die Nothwendigkeit und die Nützlichkeit gewisser reformatorischer Maßregeln zur Vorbeugung einer bedeutenden Geldkrisis liegt vor Augen und die Vollendung des Baues eines umfangreichen Netzes von Eisenbahnen ist unserer Ueberzeugung nach unerläßlich.

In dem Budjet für das Jahr 1841 war die Staats-Einnahme zu . . . . 55,867,000 Thlr.
angegeben, in dem Jahre 1844 zu . . 57,677,194 —
die Mehreinnahme ist mithin zu . . . . . 1,810,194 Thlr.

veranschlagt,*) welches um so weniger der Erwartung entspricht, als wohl nachzuweisen wäre, daß die reine Einnahme schon im Jahre 1841 sich in der Wirklichkeit um mehrere Millionen höher belief als berechnet worden war.**) Inzwischen dieselben Ursachen, welche wahrscheinlich damals die Veranlassung gewesen sind, daß der Einnahme-Etat in den früher dem Lande mitgetheilten Uebersichten zu niedrig angegeben worden ist, besteht auch noch jetzt.

Es wird nämlich, wie schon beiläufig erwähnt worden ist, nach den bisherigen Verwaltungs-Maximen nur alle drei Jahre von einem Drittel der Monarchie und auf den Durchschnitt der drei früheren Jahre der Einnahme-Etat angelegt; das Einnahme-Budjet für 1844 stützt sich mithin bei einem Drittel auf die Durchschnitts-Einnahme der letzten drei Jahre, bei dem zweiten Drittel auf die von den drei vorherigen Jahren und bei dem dritten Drittel auf den Durchschnitt des 7., 8. und 9. vorherigen Jahres.

Eine solche Berechnung ist, da wo die Staats-Einnahmen im Steigen sind, und die Verwaltung die Gesichtspunkte festhält, diese nur nicht zu hoch zu veranschlagen, und wo es dem Monarchen nicht speziell darauf ankömmt bestimmt zu erfahren

*) In dieser Summe sind noch eine Million für veräußerte Domainen- und Forstparzellen und Ablösungsgelder enthalten, welche wohl nicht zu den regelmäßigen Staats-Einnahmen gerechnet werden können und daher als durchlaufend betrachtet werden müssen.

**) In der Schrift „Preußen und seine Verfassung," I. Thl. 1842 herausgegeben, ist dies vollständig ausgeführt. (Siehe die dritte Auflage nebst Anhang.)

wie hoch die wirkliche Einnahme sein werde, zwar anwendbar und weniger mühsam, nur kann sie nie einen richtigen Maßstab für die Mittel angeben, welche der Regierung wirklich zu Gebote stehen, und eben so wenig dem Lande eine Uebersicht von seinen Hülfsquellen gewähren. Um die Höhe der Brutto-Einnahme nach den Angaben der Finanz-Verwaltung und die Prozente der Erhebungs-Kosten zu übersehen, wird die hier folgende tabellarische Uebersicht dienen, die wir weiterhin zu vervollständigen uns vorbehalten.

Nach dem Haupt-Finanz-Etat für das Jahr 1844 beträgt

1) Die Brutto-Einnahme aus den Domainen und Forsten . .	9,924,541 Thlr.,	der Netto-Ertrag
a) des Kron-Fideicommisses		2,573,099
b) des Staats-Haushaltes		4,090,163
2) Das Kaufgeld für die Domainen-Ablösungen läuft durch die Rechnung mit	1,000,000	. . 1,000,000
3) Die Brutto-Einnahme aus der Verwaltung der Bergwerke ist nicht vollständig nachgewiesen, namentlich bei den Einnahmen aus den Gruben, Hütten und Salinen, nur die Ueberschüsse in den nachfolgenden Summen angenommen sind	1,607,838	Ueberschuß 1,100,000
Latus	12,532,379 Thlr.	8,763,262

Transport	12,532,379	Thlr.	8,763,262
Dazu der Ueberschuß der Porzellan-Fabrik	17,241	. .	17,241
4) Bei der Postverwaltung sind die Betriebs- und Verwaltungs-Kosten nicht angegeben, sondern nur die Ueberschüsse . . .	1,400,000	. .	1,400,000
5) Einnahme aus der Lotterie, Brutto	1,030,151	Ueberschuß	863,200
6) Einnahme aus den Steuern			
a. Grundsteuer	10,427,944	Ueberschuß	9,842,307
b. Klassensteuer	7,188,107	. .	6,890,346
c. Gewerbesteuer	2,435,460	. .	2,336,969
d. Eingangs- und Durchgangs-Abgaben rc.	29,081,434	.	25,475,078
e. Einkommen aus den Salz-Regalien	6,981,720	. .	4,315,300
7) Von verschiedenen Einnahmen der Ueberschuß	346,590	. .	346,590
Summa der Brutto-Einnahme	71,441,026	Gesammt Ueberschuß	60,250,293
	60,250,293		

Die Erhebungskosten, die hier angegeben sind, betragen . . 11,190,733 Thlr.

Da die Brutto-Einnahme, eben weil auf einen vieljährigen Durchschnitts-Bericht, zu geringe veranschlagt sein muß, die Verwaltungs- und Erhebungskosten aber ziemlich genau aus den jährlich entworfenenen Ausgaben-Etats übersehen werden können und daher richtig angegeben sein werden, so stellen sich diese nach Procenten berechnet, um so viel höher als die Einnahme zu geringe berechnet gewesen ist. Ferner ist zu bemerken, daß die Erträge der Geld-Institute, Seehandlung und Bank, ganz aus der Rechnung fortgelassen sind, welches unsere vorher ausgesprochene Ansicht zu bestätigen scheint, daß diese die Bestimmung erhalten haben, die Fonds dieser beiden Institute zu verstärken, sonst läßt sich kein Grund denken, warum sie nicht wie in früheren Jahren im Budjet aufgenommen sein sollten.

Aus der vorher mitgetheilten Uebersicht geht eine Brutto-Einnahme von . . . . 71,441,026 Thlrn.
hervor, wenn dieser die Gerichtssporteln 3,707,255
hinzugerechnet werden, so erhöht sich die
Brutto-Einnahme auf . . . . . . 75,148,281 Thlr.
und führt vorläufig den Beweis, daß wir uns in unserer Berechnung in dem 1842 herausgegebenen Werke über Preußen, wo wir die Brutto-Einnahme Seite 172 zu 70 bis 74 Millionen nachwiesen, nicht geirrt haben, und daß die Anfeindungen über unsere übertriebenen Angaben auf diejenigen zurückfallen, von welchen sie ausgingen.

Inzwischen bleibt obige Summe auch noch weit unter der Wirklichkeit, denn bei nachbenannten Einnahme-Posten ist nur die Netto-Einnahme aufgeführt. Namentlich sind die Erhebungs- und Betriebskosten bei folgenden Etats ausgelassen: a) bei der Post, b) bei der Lotterie, c) bei dem Berg- und Hüttenwesen, siehe vorstehende Tabelle, und d) bei der Porzellan-Manufaktur. Daß mehrere Einnahme-Posten übergangen sind, ist bereits erwähnt, bei anderen ist nicht zu beurtheilen, inwiefern sie unter den vermischten Einnahmen enthalten sind. Da endlich auch die Einnahmen bedeutend höher sein müssen, als wie sie angegeben sind, so wird die Total-Einnahme sich wohl auf die Summe von circa 80 Millionen belaufen. Die nachfolgende Beleuchtung der einzelnen Positionen des Staatshaushaltes wird zur Bestätigung dieser Ansicht beitragen.

In dem Haupt-Finanz-Etat für das Jahr 1844 wird die Brutto-Einnahme aus den Domainen und Forsten zu 9,924,541 Thlr. veranschlagt. Diese Angabe scheint schon viel zu geringe zu sein und hat wahrscheinlich ihren Grund in der Art der Veranschlagung. Die wirkliche Ist-Einnahme der Domainen und Forsten betrug im Jahre 1840 11,042,331 Thlr. 21 Sgr. 2 Pf., und im Jahre 1841 11,338,107 Thlr. 23 Sgr. 11 Pf.,*) wie uns dies aus den zuverlässigsten Quellen damals mitgetheilt worden ist und im Anhange der dritten Auflage des Buchs Preußen und seine Verfassung abgedruckt steht, von welcher Summe jedoch, wie es uns nachträglich angezeigt ward, eine kleine Summe von 23,000 Thlr. abgezogen werden müßte, da diese nur in der Rechnung durchläuft. Seit jener Zeit hat der Ertrag aus den Domainen und Forsten nicht ab-, sondern an-

*) Im Jahre 1840 betrug die wirkliche Einnahme aus den Forsten

	5,179,276	Thlr.	20	Sgr.	9	Pf.
im Jahre 1841	5,415,052	-	48	-	7	-
im Jahre 1844 ist nur veranschlagt . .	3,964,345	-	—	-	—	-

und doch wird zugegeben, daß die Preise des Holzes gestiegen sind, eine Ueberschreitung des etatsmäßigen Holzhiebes in den früheren Jahren ist aber wohl eben so wenig denkbar als ein Abtrieb unter dem Material-Etat.

sehnlich zugenommen, welches allgemein bekannt ist und in den Erläuterungen noch ausdrücklich zugegeben wird, auch bei dem Steigen der Holzpreise nicht anders sein kann.

Wenn nun die Brutto-Einnahme von 1841 minus der 23,000 Thlr. mit der von 1844 verglichen wird, so steht letztere der ersteren mit einer Summe von 1,390,566 Thlrn. nach. Angenommen aber, daß selbst keine Vermehruug der Domainen-Einkünfte erfolgt sei, sondern für die in diesen drei Jahren dem Staatsschulden-Fond überwiesenen 3 Millionen Thlr. Domainen-Ablösungsgelder eine Verminderung von 120,000 Thlr. *) in den Einkünften eingetreten sei, so würde die Einnahme doch 1,270,566 Thlr. weniger betragen als im Jahr 1841.

Die Einnahme aus den Domainen ohne Forsten betragen laut Budjet, aus den verpachteten und administrirten Vorwerken

	1,828,907 Thlr.
an Rentamts-Gefällen, Erbpachten, Erbzinsen und anderen Geld- und Natural-Gefällen	4,132,289
in Summa	5,961,196 Thlr.
Die Erhebungs- und sonstigen Unkosten betragen	1,176,156 Thlr.

welches viel zu sein scheint, da die Haupt-Einnahme aus baaren Hebungen besteht und Jeder, der mit der Verwaltung gro-

*) Da nach der Vergleichung der Einnahme aus den Rentamts-Gefällen rc. von 44 mit den von 40 und 41 diese Einnahme-Position sich ungeachtet der Ablösung wenig verändert und nicht einmal vermindert hat, so ruht auch hierauf ein nicht erläutertes Dunkel.

ßer Güter vertraut ist, einsehen wird, daß hier durchgreifende Ersparungen stattfinden könnten. Schon die mit 257,765 Thlr. angesetzten Aufsichts- und Erhebungskosten scheinen sehr hoch zu sein; ferner sind an Passirrenten, Competenzen und öffentlichen Abgaben 429,928 Thlr. angesetzt, diese und die für Polizei- und Patronats-Lasten angesetzten 107,536 Thlr. machen zusammen die Summe von 537,464 Thlr., welche in den Erläuterungen als Realverpflichtungen angegeben werden,*) nach deren Abzug nicht ganz 11 pro Cent. Betriebs- und Erhebungskosten übrig blieben. Gegen diese Procent-Berechnung werden die baaren Hebungen, welche mehr als die doppelte Summe der Einnahme bilden und nur sehr geringe Erhebungskosten veranlassen können, förmlich protestiren müssen.**)

Sollen von beiden Einnahme-Titeln die Erhebungskosten nach Procenten berechnet werden, so müssen wenigstens die Ausgaben, die den einen allein treffen, vorher abgezogen werden; letzteres findet bei 5) statt, wo die Bau-, Vermessungs-, Separations- und Prozeß-Kosten 362,557 Thlr. betragen, die den Domainen-Vorwerken wohl allein zur Last fallen, und nahe an 20 pro Cent. der Einnahme verzehren; erst dann, wenn diese abgezogen worden sind, können die übrigen Erhebungskosten auf das Ganze zugleich vertheilt werden.

*) Da die Erläuterungen über den Ursprung dieser bedeutenden Reallast keine Auskunft geben, so fehlt jeder Maßstab des Urtheils.

**) Da nur einige Domainen von den Behörden selbst verwaltet werden, so können die Betriebskosten nur unbedeutend sein.

Wenn schon ein ungünstiges Verhältniß zwischen der Brutto- und Netto-Einnahme der Domainen besteht, so steigert sich dies noch bei den Forsten auf eine Weise, die die Aufmerksamkeit der Verwaltung verdient.

Die Brutto-Einnahmen der Forsten sind in dem Budjet veranschlagt zu . . . . 3,963,345 Thlr.
die Betriebskosten sollen betragen . . . . 2,085,123 „
bleibt ein Ueberschuß von . . . . 1,878,222 Thlr.
Die Verwaltungs-, Betriebs- und Cultur-Kosten verzehren mithin mehr denn 50 pro Cent. der ganzen Einnahme.

Die entschuldigenden Erläuterungen über ein so ungünstiges Resultat fallen nichts weniger als befriedigend aus. Es wird nämlich angeführt, daß bei der Forstverwaltung eine Vergleichung der Betriebs-Ausgaben mit der Brutto-Einnahme schon deshalb nicht zu einem richtigen Resultat führen könnte, weil unter dieser Einnahme weder der Werth des Holzes, welches als Deputat oder unter anderen Titeln ganz oder theilweise abgeführt würde, noch der Werth ähnlicher Natural-Leistungen (welcher??), die auf den Forsten haften, enthalten sei.

Diese Entschuldigung würde Gültigkeit haben, wenn man versuchen wollte, den großen Flächen Inhalt der Forsten mit dem Nutzen, welchen sie pro Morgen einbringen, in Zahlen zu vergleichen. Bei einer solchen Rechnungs-Anlage müßten die Natural-Abgaben natürlich mit zu Gelde berechnet werden. Hier handelt es sich aber darum, weshalb die Netto-Einnahme im Verhältniß der Brutto-Einnahmen so geringe sei, und dabei kann es wenig darauf ankommen, ob die Revierjäger etwas Zeit dabei versäumen das Deputatholz zu überweisen oder die Saamen-Schläge etwas größer anzulegen. Den Beweis, weshalb über 50 pro Cent von der Einnahme abgehen, während bei bedeutenden Privat-Forsten kaum 10 bis 15 pro Cent für Aufsicht-, Cultur- und Betriebs-Kosten verwandt zu werden brauchen, bleibt uns die Behörde schuldig.

Es kann nicht die Absicht sein, hier auf ein Detail der einzelnen Punkte einzugehen; inzwischen befindet sich unter den Ausgabe-Posten einer, wo es wünschenswerth scheint, noch einige erläuternde Worte hinzuzufügen, um die entstandenen Zweifel zu lösen. Unter Nr. 3. ist für Holzhauer und Fuhrlohn die Summe von 500,909 Thalern ausgesetzt. Im Allgemeinen wird wohl bei den Forsten der größere Theil der Einnahme aus dem Verkauf von Bau- und Nutzhölzern bezogen, und mit einzelnen Ausnahmen nur der geringere von Brennholz, welches für Rechnung der Forstverwaltung geschlagen wird. Obige Ausgabe fällt daher, da das Fällen des Bau- und Nutzholzes nur sehr wenig kostet, auf diesen letztern Theil des Holz-Debits, und daß die Forstverwaltung die Selbst-Anfuhren übernehmen sollte, streitet gegen die bestehenden Instruktionen, nach welchen bekanntlich alles Holz in den Forsten in Licitations-Terminen verkauft wird; daher kann wohl unter Holz-Fuhrlohn nur das Rückerlohn der abgestämmten Bäume behufs der bequemeren Versteigerung des Holzes verstanden werden.

Ueberhaupt scheint es uns, als wenn das Stämmer- und

Rückerlohn, welches durch die höheren Preise des verkauften Holzes wieder erstattet wird, ganz aus dieser Berechnung hätte wegfallen müssen, da es der That nach nichts weiter als ein Vorschuß ist, der wieder erstattet wird, und weder zu den Aufsichts= noch zu den Culturkosten gehört, und daher einen ungünstigen Schein auf die Rechnungs=Vorlage wirft.

Es ist nicht unsere Absicht, die Behörde anzugreifen oder hier eine Opposition zu führen, allein der Wille des Königs ist es unverkennbar, daß sein Volk mit der Verwaltung des Staatsvermögens bekannt werde und die öffentliche Meinung Gelegenheit habe, sich darüber auszusprechen. Indem hier letzteres geschieht, so kann es nur nützlich sein, denn werden begründete Mängel aufgedeckt, so giebt es Gelegenheit diese abzustellen, und beruhen sie auf unbegründeten oder irrthümlichen Beschuldigungen, sie zu berichtigen.

Wenn wir nun das bei dieser Position im Budjet angegebene Resultat näher prüfen, so haben die bedeutenden Domainen und Forsten der ganzen Monarchie, die baaren Gefälle ausgeschlossen, in den jetzigen, für den Ackerbau und die Forstbenutzung so glücklichen Conjuncturen noch nicht einmal so viel rein abgeworfen, als das Firum des Kronenfidei=Commisses beträgt. Denn der zu den Bedürfnissen des Staatshaushaltes abgeführte Ueberschuß beträgt nur . . 4,090,163 Thlr.
die baaren Gefälle dagegegen . . . . . 4,132,289 =
mithin erstere weniger . . . . 42,126 Thlr.,
wenn diesen nun noch die, im Budjet für die General=Verwaltung der Domainen und Forsten ausgeworfenen 99,909 Tha=

ler hinzugerechnet werden, so ergiebt dies eine Gesammtsumme von 142,035 Thaler weniger als die baaren Hebungen betragen.

Da in dem Censur-Edict ausdrücklich bestimmt worden ist, daß wer Mängel angiebt auch Vorschläge sie zu verbessern mittheilen soll, so werden wir uns in dieser Beziehung nichts zu Schulden kommen lassen.

Sollen die Domainen und Forsten des Staats in der Folge höher benutzt werden als bisher, sollen die Einnahmen nicht zum großen Theil durch die Ausgaben verschlungen werden, so muß die Verwaltung eine ganz andere Organisation erhalten, als die gegenwärtige ist. Ein Hauptfehler liegt unseres Ermessens nach in der collegialischen Verwaltung. Um Landgüter und Forsten gut zu benutzen, ist die collegialische Form die allerunpassendste, darüber spricht sich die Erfahrung zu bestimmt aus.

Es giebt keine größere Täuschung als die ist, der man sich so oft hingiebt: Viele wären klüger als Einer. Man bildet sich ferner ein, in der collegialischen Verwaltung liege eine Bürgschaft gegen die Mißgriffe und Irrthümer der Einzelnen; in ihr liegt weit öfter ein Hemmschuh, daß das Nützliche nicht zu Stande komme, und daß kein fester Plan durchgeführt wird, aber keinesweges ein Schutz gegen Mißgriffe; die Erfahrung beweist dies täglich, und die nachtheiligen Verhältnisse, in welche sich der Domainen-Fiscus so vielen Einzelnen gegenüber versetzt hat, liegen in dem Uebergewicht des Einzelnen, der weiß, was und wohin er will, gegen ein berathendes Collegium, in welchem die Ansichten öfter getheilt sind. Endlich glaubt man, es müsse nicht allein gegen die Irrthümer der einzelnen Beamten eine Controlle eingesetzt werden, sondern auch gegen den möglichen Betrug. Aber alle diese Controllen geben dreimal so viel vorweg hin, als die Gefahr für Unterschleife beträgt. Wenn die Postverwaltung, um sich gegen die Gefahr der gewaltsamen Beraubung, welche zuweilen vorkömmt, sicher zu stellen, die mit Geldsendungen beschwerten Postwagen durch Bewaffnete begleiten lassen wollte, so würde sie, so hat man berechnet, darüber den größten Theil ihrer Einnahme verlieren, während sich jetzt ihr Verlust auf ein Minimum reducirt.

Die collegialische Verwaltung, die Menge von Controllen und das viele Schreiben sind es, die zugleich Alles lähmen und die Einnahmen verzehren. Man wolle es nur einmal näher untersuchen, womit die vielen Angestellten eigentlich beschäftigt werden: mit Schreiben und sich einander controlliren. Ja selbst die Revier-Forstbedienten können vor vielem Schreiben oft nicht in den Wald kommen. Aber nicht allein der practische Forstbediente wird durch vieles unnützes Schreiben und durch die mannichfachen Controllen von seinem Berufe abgezogen, sondern das Uebel verbreitet sich durch alle Stufen bis oben hinauf und wird Ursache, daß die, welche eine so rein practische Verwaltung leiten sollten, nur die Acten kennen, nicht das Feld und den Wald. Wie manche königliche Forsten oder einzelne Parzellen derselben würden einen vielfach höheren Ertrag gewähren, wenn sie ausgerodet und zu Acker gemacht würden; wie mancher Sandboden sich besser rentiren, wenn er mit Kiefern angesaamt würde; allein dies ist aus den Acten nicht zu erkennen, und sollten zufällig solche Vorschläge in Anregung gebracht werden, so protestirt der Forstbediente dagegen, daß aus einem Elsbruch eine Wiese rc. der Domainen-Beamte, daß aus 6jährigem und 9jährigem Roggenlande ein Kiehnwald werde, und wer soll entscheiden?*) Das Collegium, welches um den grünen Tisch sitzt? Zu den Unterlassungs-Sünden kommen andere hinzu; nichtallein der Administrations-Luxus ist es, der die Revenüen verzehrt, auch der Bau- und Forstcultur-Luxus und der Raupenkrieg thun das ihrige dabei, und in dieser Beziehung könnten sehr große Ersparungen eingeführt werden, allein sie sind nicht durchzusetzen, bis man die Verwaltung den Einzelnen anvertraut, Männern, die das Fach practisch verstehen und dafür verantwortlich sind, daß diese mit Umsicht und Thätigkeit geführt werde.

Bei 2) des Einnahme-Budjets sind 1 Million in Ansatz gebracht, aufgekommen durch Domainen-Ablösungsgelder; in den Erläuterungen wird bemerkt, daß diese seit dem Jahre 1841 größtentheils aus der gesetzlich angeordneten Ablösung von Domainen-Gefällen bestehen und nur ein geringer Theil aus dem Verkauf kleiner Domainen und Forstpartien genommen sei, da der eigentliche Domainen-Verkauf gänzlich aufgehört habe. Hier-

*) Die Regierung scheint dies auch eingesehen zu haben und hat eine ganz besonders qualificirte Persönlichkeit gewählt, in den Domainen und Forsten Verbesserungen aufzusuchen, und, nachdem sie gebilligt sind, auszuführen.

Sehr interessante Meliorationen sind auf diese Weise theils schon ins Leben gerufen, theils in Angriff genommen.

bei ist nur zu bemerken, daß doch auch vom Domainen-Fiscus Grundstücke angekauft sind, von denen in den Etats weder in der Geldausgabe, noch sonst eine Erwähnung geschieht, welches doch zur Vollständigkeit der Rechnung nöthig wäre.

Bei 3) der Einnahme aus den Bergwerken, Hütten und Salinen, welche brutto 1,607,838, netto 1,100,000 tragen sollen, beläuft sich schon ein Theil der Erhebungskosten auf $31\frac{9}{16}$ pro Cent., also sehr hoch. Die Erläuterungen sind ungenügend und so allgemein gefaßt, daß es an jedem Maßstabe der Beurtheilung fehlt.

Bei 4), die Postverwaltung betreffend, wird ein Ueberschuß von 1,400,000 Thlrn. an die Staatscasse als abgeführt angegeben. Die Brutto-Einnahme ist hier nicht angegeben, es wäre aber zu wünschen, daß auch diese in der Folge mitgetheilt würde, um die Uebersicht der gesammten Abgaben-Last, die auf dem Lande und dessen Verkehr ruhet, zu erhalten; die Betriebs- und Verwaltungskosten müssen der Natur dieser Verwaltung nach sehr bedeutend sein. Da die Post jährlich noch stets ansehnliche Ueberschüsse über den Etat abgeliefert hat, so kann sie unstreitig auch noch größere Erleichterungen dem Publikum gewähren, als bisher eingetreten sind, ohne daß der, ihr für die Zukunft gestellte Etat darunter leiden wird.

Bei 6. wird der Ertrag aus den Steuern nachgewiesen und trägt:

a) die Grundsteuer brutto . . . . . 10,427,944 Thlr.
die Erhebungskosten betragen . . . 585,637 „
mithin $5\frac{3}{5}$ pro cent.

b) die Klassensteuer, brutto . . . . 7,188,107 =
die Verwaltungskosten belaufen sich auf 297,761 =
oder $4\frac{1}{7}$ pro cent.

c) die Gewerbsteuer mit . . . . . 2,435,460 =
von welcher Summe die Erhebungs-kosten abgehen mit . . . . . 98,491 =
also nur $4\frac{1}{24}$ pro cent.

d) Die Gesammt = Brutto = Einnahme der indirecten Steuern wird zu . . . 29,081,434 =
veranschlagt, davon sind summarisch . 3,606,356 =
für den Betrieb abgezogen, bleiben übrig 25,475,078 Thlr.

Von der Brutto=Einnahme fallen folgende Summen auf die einzelnen Positionen:

1) Eingangs=, Ausgangs= und Durchgangs=Abgaben (nach Abzug der, nur als durchlaufende Einnahme und Ausgabe, erscheinenden Herausgabe an andere Zollvereins=Staaten) 12,183,110 Thlr.

Der Ertrag dieser Steuern soll sich seit dem Jahre 1841 um 1,595,200 Thlr. gesteigert haben, (??) mithin jährlich über ½ Million Thaler; wenn nicht in der Angabe von 41 ein Rechnungsirrthum liegen sollte, so würde dies ein sehr erfreuliches Zeichen der Zunahme des Verkehrs sein. Mehrere Gründe lassen aber besorgen, daß ein ferneres Steigen nach diesem Maßstabe in den nächsten Jahren nicht zu erwarten sein wird, da die Stockung des Handels in den Ostseeplätzen, die Verwüstungen durch die Fluten, der Mißwachs in den östlichen Provinzen und die gedrückten Geldverhältnisse, in welche der Bau der Eisenbahnen das Land versetzt hat, nachtheilig auf den Erwerb und rückwirkend auf die Consumtion einwirken müssen.

2) Uebergangs-Steuern von vereinsländischen Weinen, Most und Taback . . . . 186,091 Thlr.

3) Rübenzucker-Steuer . . . . . . 50,530 „

4) Niederlagen- rc. Gelder . . . . . 39,150 „

5) Conventionsmäßige Schiffahrts-Abgaben auf der Elbe, Weser, dem Rhein und der Mosel . . . . 476,484 „

6) Branntwein-Steuer . . . . . . 5,915,475 „

Diese Einnahme kann sehr leicht einen Ausfall erleiden. Die Mäßigkeitsvereine werden in einigen Gegenden, wo das Branntweintrinken freilich zu sehr überhand genommen hatte, darauf einwirken, auch die schlechte Kartoffelernte in einem Theil der Monarchie wird nicht ohne Einfluß auf die Summe der Fabrikation bleiben.

7) Die Braumalz-Steuer . . . . . . 1,202,484 Thlr.

8) Die Steuer vom einländischen Weinbau 95,880 „

9) Steuer vom einländischen Taback . . 140,600 „

10) Mahlsteuer . . . . 1,591,665 „

11) Schlachtsteuer . . . . 1,340,355 „

Diese beiden letzten Steuern bringen ein 2,932,020 Thlr. Welche großen Nachtheile an dieser Steuer kleben, haben wir in dem ersten Hefte dieser publicistisch-finanziellen Blätter, mit sehr kräftigen Gründen unterstützt, nachgewiesen und es der

Regierung ans Herz gelegt, unser Steuersystem von dieser Anomalie, das Land von einer so gehässigen und drückenden Steuer zu befreien, die den Verkehr zwischen Land und Stadt stört, den unteren Volksklassen das Fleisch und Brod vertheuert, zugleich den Betrug befördert.

Mit Vergnügen haben wir gesehen, wie die Presse von allen Theilen der Monarchie die Abschaffung derselben bevorwortet hat, und wir zweifeln nicht daran, daß bei der Macht, die die öffentliche Meinung gewonnen hat, die Abschaffung derselben bald erfolgen wird. Wie mächtig diese einwirkt, geht daraus hervor, daß schon so viele Städte darauf angetragen haben sie in eine Klassensteuer umzuwandeln. Namentlich sind in Schlesien von sechs bedeutenden Städten derartige Anträge gemacht und dieser Umstand, sowie der, daß sich dort die Magistrate der Städte beeifern den Bürgern öffentliche Rechnung von der Verwaltung des städtischen Communalfonds zu legen, sind schöne Zeichen einer vorschreitenden und richtig aufgefaßten politischen Entwickelung, die selbst persönliche Aufopferung nicht scheut, wenn es darauf ankommt, Vertrauen zu erwecken und das allgemeine Beste zu befördern.

Leider ist ein solcher Geist in manchen der bedeutendsten Städte, wie z. B. in Cöln und selbst in der Haupt- und Residenzstadt Berlin, den vermeintlichen Sitzen von freisinnigen Ideen, bis jetzt noch nicht sichtbar geworden, und die entschiedenste Opposition gegen Abschaffung der Mahl- und Schlacht-Accise zeigt sich in der obersten Verwaltung der berliner städtischen Commune. Die Vossische Zeitung enthält einen interessanten Belag dazu; die Bäcker-Innung von Berlin ist nämlich beim Magistrate eingekommen und hat dessen Vermittelung zur Aufhebung der Mahl- und Schlacht-Accise in Anspruch genommen. Die Antwort des Magistrats wird nun mitgetheilt, sie enthält die Gründe des ertheilten abschläglichen Bescheides. Der Bäcker und Stadtverordnete Herr Krebs beantwortet sie, welches ihm ziemlich leicht wird, denn nur Ein Einwand des Magistrats ist allein schlagend, daß nämlich, wenn die Klassensteuer eingeführt werden sollte, dies dem Magistrate viele Mühe machen würde. Uebrigens ist dieser Aufsatz ein interessantes Beispiel einer freieren geistigen Entwickelung im Bürgerstande, wir finden hier einen Bäcker gegen den hochedlen Magistrat mit Geschick polemisirend.

Außer dieser Stimme haben sich noch einige andere sehr schwach gegen die Abschaffung der Mahl- und Schlachtsteuer erhoben; unter anderen eine in Nr. 302. der cölner Zeitung, die aber schon in Nr. 303. derselben Zeitung eine sehr ausreichende Widerlegung erfahren hat. Der Verfasser des ersten Aufsatzes scheint, nach den Styl zu urtheilen, zu den dortigen Beamten zu gehören. Sehr scharfsinnig, aber völlig unrichtig ist seine Bemerkung, daß die indirecten Steuern ihrem Wesen nach der neueren Zeit und einer vollendeteren Entwickelung angehörten. Im Gegentheil, die indirecten Steuern stammen aus einer Zeit her, wo die Regierungen nicht befugt waren, oder es sich nicht trauten directe Steuern zu fordern.

In den alten Provinzen gab es zu Friedrichs II. Zeiten, sowie vor und nach ihm, mit unbedeutenden Ausnahmen fast nur indirecte Steuern, und die Nachwehen einer solchen Steuer-Verfassung haben sich bis auf die neuere Zeit übertragen, die Mahl- und Schlacht-Accise ist noch ein Ueberbleibsel davon.

Wenn es je eine Zeit gegeben hat, wo es nöthig war die untersten Volksklassen zu berücksichtigen, so ist es die jetzige. Eine Menge Federn bewegen sich, um Mittel vorzuschlagen wie der überhand nehmenden Verarmung und deren Folgen vorzubeugen sei. Das durchgreifendste Mittel dagegen ist: die ersten Lebensbedürfnisse nicht zu vertheuern und vor Allem den Händen Arbeit zu verschaffen. Die Ursache des Pauperismus liegt fast immer theils in mangelhaften Staats- oder Finanz-Einrichtungen, theils darin, daß durch Maschinen die Handarbeit so verwohlfeilt wird, daß diejenigen, die kein anderes Capital als ihre Hände besitzen, nicht von dem Erwerb leben können. Es lassen sich viele Länder anführen, wo es keine Armen giebt, und in den ackerbautreibenden Provinzen der Monarchie ist wenigstens auf dem Lande dasselbe der Fall; desto mehr finden sich in den mahl- und schlachtsteuerpflichtigen Städten, weil dort die ersten Lebensmittel über Gebühr vertheuert werden. Aber auch die Geschäftslosigkeit, welche aus der Vertheuerung der ersten Lebensbedürfnisse und ihre Rückwirkung auf das Arbeitslohn entspringt, sind Gründe der Erwerbslosigkeit. Man hat angeführt, daß wenn die ersten Bedürfnisse wohlfeiler würden, das Arbeitslohn mitsinken würde und der arbeitenden Klasse mithin nicht geholfen werde. Angenommen dies sei theilweise der Fall, so kommen die Gewerbe dadurch in die Lage mehr Hände zu beschäftigen, weil sich bei wohlfeiler Fabrikation ihr Markt erweitert; ihr eigener Vortheil wird sie jedoch hindern, den Lohn so herunter zu setzen, daß die Arbeiter dabei nicht bestehen können. Jedenfalls — und dies verdient besondere Berücksichtigung — steht es fest, daß wohlfeileres Brod und billigeres Leben die Chance der Handarbeit gegen die Maschinenarbeit günstiger stellt, und daß hierin ein sehr wesentlicher Schritt zur Bekämpfung des Pauperismus liegt.

Längst bekannt und anerkannt bleibt es, was der Verfasser des oben erwähnten Aufsatzes in Nr. 302. der cölner Zeitung sagt, daß die Abgaben immer größtentheils von der Masse des Volks getragen werden, und wir müssen zugeben, daß dies nicht zu ändern sei; allein dies schließt wenigstens nicht aus, Erleichterungen da eintreten zu lassen, wo diese möglich sind, und wenn man die reichen Klassen bei der Klassensteuer höher setzte als bisher, so würde dies wenig einbringen, aber immer einen günstigen Eindruck machen, weil hierin eine Art von Gerechtigkeit gefunden werden würde. Doch der offenen Opposition in den Zeitungen und der befangener Magistrats-Mitglieder wollen wir hier keine Zeilen mehr widmen, weil wir sie nicht fürchten. Beachtungswerther ist die Opposition von einer anderen Seite her, die gerne glauben machen möchte, die Staatscassen würden dabei einen bedeutenden Ausfall erleiden. Um diesen zu entfernen, giebt es das einfache Mittel, die Stände auf dem nächsten Landtage darüber zu befragen, ob sie damit einverstanden sind, daß die Einnahme aus der Mahl- und Schlacht-Accise der aus der Klassenſteuer zugeſchlagen und dann nach einem zu bestimmenden Repartitions-Modus auf das Ganze vertheilt werde. Es iſt nicht zu bezweifeln, daß die Stände Anträge der Art dankbar annehmen würden, und eben ſo wenig, daß bei einer gleichmäßigen Vertheilung nach dem Beitritt der Städte keinesweges eine Erhöhung erfolgen würde, denn die vielen Ausnahmen, welche jetzt beſtehen, fallen dann fort.

Am feinſten berechnet iſt der Vorſchlag anderer Feinde der Einführung der Klaſſenſteuer, die ſagen: allerdings laſſe ſich Vieles gegen jene Steuer anführen, inzwiſchen bleibe es immer bedenklich eine beſtehende Steuer plötzlich aufzuheben, es laſſe ſich oft nicht berechnen, welche unerwarteten Nachtheile dies herbeiführen könne, und da ſei es beſſer ſie nach und nach, ſowie das Bedürfniß es wirklich fordere, abzuändern, dazu gäbe das Geſetz wegen Aufhebung der Mahl- und Schlacht-Steuer Anleitung. Durch dieſes ſtände es den einzelnen Communen frei, dieſe los zu werden, wenn ſie den Betrag durch die Klaſſenſteuer aufbringen wollten, es würde daher am gerathenſten ſein, abzuwarten, daß die dabei Betheiligten darauf antrügen.

Dieſe Anſicht iſt recht geeignet, die Ausführung noch lange zu vertagen; übrigens ſpricht dagegen einmal: daß das flache Land fordern kann, den freien Verkehr mit den Städten hergeſtellt zu ſehen, ſo wie, daß die Städte gleich ihnen zu den Staatslaſten angezogen würden; zum andern: daß die ärmeren Volksklaſſen, denen die erſten Lebensmittel auf eine harte Weiſe durch dieſe Steuer vertheuert werden, keine Stimme in den städtischen Communen haben, daher ganz der Discretion ihrer reicheren Mitbürger anheimfallen. Nicht dem Gutdünken Derjenigen, welche durch diese Steuer begünstigt werden, darf es überlassen bleiben, ob diese Steuer fortbestehen soll oder nicht, sondern der Regierung steht es zu, darauf zu wachen, daß Niemand gedrückt werde; die bestehenden Mängel zu entfernen, ist eine ihrer heiligsten Pflichten.

12) Weiset die Einnahme aus der Stempel-Steuer nach, die zu 3,812,325 Thaler angegeben ist.

Diese Steuer gehört, wie die Mahl- und Schlacht-Accise, zu denjenigen, die eine Aenderung fordern. Sehr leicht würde es nachzuweisen sein, daß sie viele Härten enthalte, die längst hätten beseitigt werden müssen; dazu kommt, daß sie nachtheilig auf den Verkehr einwirkt u. s. w. Von mehreren Ministern der Finanzen ist dies richtig erkannt, eine Aenderung zwar beabsichtigt, aber unterblieben.

d. 13. weiset eine Brutto-Einnahme von 1,229,605 Thlr. aus den Chausségeldern nach.

In den Erläuterungen werden wir belehrt, daß dies die Einnahme von 1384 Meilen Kunststraßen ist. Da nun nach dem Ausgabe-Budjet die Unterhaltung rc. derselben 1,557,000 Thaler kostet, so beträgt der jährliche Zuschuß 327,395 Thaler, oder durchschnittlich, außer den verlorenen Zinsen des Baucapitals, pro Meile 236½ Thlr. Wenn man nun annimmt, daß der Bau durchschnittlich 35,000 Thlr. pro Meile kostet, (die ersten kommen auf das Doppelte zu stehen,) so ergiebt sich die bedeutende

Summe von 48,440,000 Thlrn., und es ist dankbar anzuerkennen, daß die Regierung der Belebung des Verkehrs so große Opfer gebracht hat.

Allein es geht aus dieser Berechnung noch eine andere wichtige Consequenz hervor. Da das Geld zu diesen Chausséen von den Unterthanen des ganzen Landes durch die Abgaben aufgebracht ist, so liegt es auch in der Gerechtigkeit, daß im Verhältniß zu den Einzahlungen die Bauten in den verschiedenen Provinzen hätten erfolgen müssen; dies ist aber nicht der Fall, denn namentlich sind in den östlichen Provinzen, die der Chausséen zum Absatz ihrer Producte am nöthigsten bedürfen, kaum ein Viertel und in einigen ein Sechstel der sie treffenden Summe zu diesem Zweck verwandt, und jetzt, ohne daß irgend eine solche billige Ausgleichung erfolgt ist, hat der Staat erklärt, nicht weiter bauen, sondern nur Prämien ertheilen zu wollen.

So wenig billig dies erscheint, so wenig läßt es sich aus politischen und staatsöconomischen Rücksichten entschuldigen. Aus politischen nicht, weil eben aus dem größeren Theile dieser zurückgesetzten Landestheile der alte Kern besteht, auf welchen die Monarchie sich in den Zeiten der Gefahr stützen muß, und wenn sie daher schwach bleiben, ihre eigene Kraft verliert. Aus staatsöconomischen Rücksichten nicht, weil, wenn sie die Cultur dieser Provinzen mehr förderte und dadurch größeren Wohlstand hervorriefe, sie weit mehr Abgaben zahlen könnten als jetzt.

Bei d. unter Nr. 14. 15. und 16. der Anlage B. wird unter verschiedenen Titeln eine Einnahme von 817,680 Thlr.

angegeben, von der man nicht einsieht, warum sie zusammengeworfen ist.

Was die Erhebungskosten der Gesammt-Einnahmen der obigen sechszehn Einnahme-Titel betrifft, so läßt sich nach dem eigenen Geständniß der Behörden nicht genau angeben, wie sie sich vertheilen, nur in einzelnen Punkten findet eine Abweichung hievon statt. Nach Prozenten berechnet betragen sie $12\frac{1}{2}$ (die Verwaltung giebt 12 pro cent. an, wer hat sich verrechnet??); noch ist zu bemerken, daß die Ueberschüsse aus den indirecten Steuern gegen 1841 in Summe 2,932,078 Thlr. betragen, von welchen auf die Branntweinsteuer 429,835 Thlr. und auf die Stempelsteuer 482,595 Thlr. fallen.

c) Die Brutto-Einnahme aus der Salz-Regie wird zu

	6,981,720 Thlr.
angegeben, und hat nach Abzug von . .	2,666,420 „
für Ankauf und Verwaltungskosten einen	
Ueberschuß von	4,315,300 Thlr.
geliefert. Im Jahre 1841 betrug der	
Rein-Ertrag	5,975,000 „
mithin weniger	1,659,700 Thlr.

welche Minus-Einnahme aus dem Erlaß am Preise des Salzes und der Mehrausgabe für einen wohlfeileren Verkauf im Innern entstanden ist.*)

*) Dankbar zu erkennen ist es, daß der Preis des Salzes für die ärmere Volksklasse auf dem Lande viel billiger geworden als früher und sich für sie nach einem somit günstigeren Maßstabe herunter gestellt hat, als wie der Erlaß am Salzpreise beim Verkauf im Großen erwarten ließ. Die Erniedrigung beträgt circa $\frac{1}{3}$.

Allgemein ist es anerkannt, daß die Aufhebung des Salz-Monopols eine der größten Wohlthaten für das ganze Land wäre. Wie sehr der Monarch darauf bedacht gewesen ist, den Genuß dieses unentbehrlichen Gewürzes wohlfeiler zu stellen, beweiset die Heruntersetzung des Preises des Salzes, welche die Staats-Einnahme um 1,659,700 Thlr. vermindert hat, und wie sehr das ganze Land eine Heruntersetzung im Preise dieses zur Erhaltung der Gesundheit für Menschen und Vieh so unentbehrlichen Minerals wünscht, davon geben die Verhandlungen aller Landtage Zeugniß.

Ein Haupthinderniß der Aufhebung dieses Monopols besteht in dem Ausfall, welchen die Staatscasse dadurch erleiden würde, und in der Schwierigkeit, diesen auf andere Weise zu ersetzen. Bei der Wichtigkeit des Gegenstandes haben wir unsere Aufmerksamkeit darauf gerichtet, Mittel und Wege aufzusuchen, ein so wichtiges Ziel zu erreichen, und wollen die Resultate der öffentlichen Prüfung vorlegen, wobei wir noch darauf aufmerksam machen müssen, daß wegen der Verhältnisse zu den übrigen Zollverband-Staaten und der Salzlieferungs-Verträge, welche die Regierung geschlossen hat, jeder Antrag auf Abänderung dieser Steuer lange vor dem Ablauf einer Zollperiode vorbereitet werden muß. Ueber die Nachtheile hoher Salzpreise und über die Vortheile der Aufhebung dieses Monopols ist von Anderen und von uns selbst schon so viel geschrieben worden, daß es nicht nöthig scheint, ganz Bekanntes zu wiederholen.

Die Hauptschwierigkeit bleibt, wie gesagt, die Deckung eines Ausfalles von 4,315,300 Thlrn. an den Staats-Einnahmen.

Man hat schon öfter daran gedacht, ob nicht durch eine Erhöhung der Klassensteuer dieses Ziel zu erreichen wäre, dies würde vor Allem die Aufhebung der Mahl- und Schlachtsteuer und die Gleichstellung von Stadt und Land, bei Entrichtung der classificirten Kopfsteuer, voraussetzen.

Obgleich man sich wohl der Hoffnung hingeben kann, daß eine solche erfolgen werde, so würde es doch nicht rathsam sein, diese um $\frac{2}{5}$ zu erhöhen, um jenen Ausfall zu übertragen. So empfehlenswerth auch directe Steuern da sind, wo dem Lande bedeutende Abgaben auferlegt werden müssen, weil sie niedrige Erhebungskosten verursachen und kein Gewerbe drücken, so setzen sie einen im Allgemeinen günstigen Nahrungszustand voraus, so wie, daß sie eine gewisse Höhe nicht übersteigen, weil sonst die Sicherheit des Eingangs gefährdet wird.

Ein Zuschlag von $\frac{1}{5}$ könnte dagegen ohne irgend einen merklichen Druck für die Zahler auf die Klassensteuer, nach erfolgter Aufhebung der Mahl- und Schlachtaccise, gelegt werden. Die unteren Volksklassen zahlen resp. 1 Sgr. 3 Pf. $2\frac{1}{2}$ und 5 Sgr. monatlich an Klassensteuer. Eine Erhöhung von 3 Pf. monatlich und von 6 und 12 Pf. für die folgenden Klassen würde daher nie drückend erscheinen können.

Durch die Erhöhung um $\frac{1}{5}$ würde, da die gesammte Klassensteuer nach Aufhebung der Mahl- und Schlacht-Accise in den Städten circa 9,822,000 Thlr.*) beträgt, 1,964,000 Thlr. ge-

*) Da die Erhebungslisten der Mahl- und Schlacht-Accise nicht bekannt sind, so kann die obige Summe nur annähernd sein.

deckt werden. Aber das Salz selbst kann auch sehr gut einen Theil der Abgaben tragen, ohne den Preis zu sehr zu vertheuern. Am zweckmäßigsten würde es erscheinen, den Salz-Debit ganz frei zu geben, statt dessen aber eine Impoststeuer von 3 Thlrn. auf die Tonne Salz zu legen.

Der jetzige Verbrauch im Lande beläuft sich auf etwa 600,000 Tonnen, die Tonne zu 405 Pfunden gerechnet; da dieser Einfuhrzoll auch dem Preise des Salzes, welches in den königlichen Salinen-Werken gewonnen wird, zu gute kömmt, so würde die Einnahme sich auf 1,800,000 Thlr. belaufen. Da jedoch die Defraude dann fast ganz aufhören, und da bei so ermäßigtem Preise sehr bedeutende Quantitäten Salz für die Viehfütterung und andere Zwecke verwandt werden würden, so ist anzunehmen, daß der Verbrauch sich auf 800,000 Tonnen jährlich und mit ihm die Einnahme auf 2,400,000 Thlr. steigern würde, mithin diese beiden Einnahmen den Ausfall deckten.

Wollte man übrigens die Klassensteuer oder den Einfuhrzoll auf Salz noch etwas ermäßigen, wozu eigentlich kein Grund vorhanden ist, oder wollte sich die Regierung insofern sicher stellen, wenn die Vermehrung des Salzverbrauches ausbleiben sollte, so würde es am wenigsten empfindlich für die Steuerpflichtigen sein, wenn die Branntweinsteuer eine Erhöhung erführe. Inzwischen sind die Conjuncturen für diese Steuer augenblicklich nicht günstig, und es scheint daher bedenklich, diese jetzt eintreten zu lassen; es ist aber auch nicht davon die Rede, den Plan in diesem Augenblick auszuführen, sondern erst nach Jahren, wo es sich entschieden haben wird, ob die ungünstigen Conjuncturen noch fortdauern; jedenfalls kann selbst für den ungünstigen Fall, daß sie fortbestehen sollten, es niemals schwer fallen, zu einem so wichtigen Zweck eine halbe Million anderweitig zu beschaffen, bis die Vermehrung der Salz-Consumtion diese Deckung unnöthig gemacht haben wird.

Da das englische Salz zu dem Preise von 1 Thlr. 15 Sgr. in unsern Seehäfen an der Ostsee bezogen werden kann, so würde dann die Tonne, einschließlich der Eingangssteuer von 3 Thlr. pro Tonne, auf 4½ Thlr. zu stehen kommen und den Transport nach Verhältniß der Entfernung im Innern hinzugerechnet, zum Preise von 5 bis 6 Thlrn. im Lande zu haben sein, mithin zu und unter der Hälfte des jetzigen schon um 3 Thlr. pro Tonne heruntergesetzten Preises.

Daß sich auf diese oder ähnliche Weise diese unglückliche Abgabe entfernen läßt, glauben wir in diesen wenigen Andeutungen bewiesen zu haben, und es würde der Monarch seinem Volke dadurch eine unendliche Wohlthat erweisen, die ihm das Land nicht genug danken könnte. Ein Haupthinderniß wird hier wie bei der Mahl- und Schlachtaccise darin bestehen, die überzähligen Beamten unterzubringen oder zu pensioniren.

Das Ausgabe-Budjet.

Bei der Beleuchtung des Ausgabe-Budjets werden wir zuvörderst die einzelnen Positionen durchgehen, uns dabei nur auf specielle Bemerkungen beschränken, und erst am Schluß zu einer allgemeinen Beurtheilung übergehen.

Unter 1. des Ausgabe-Budjets sind angesetzt für die Verzinsung der Staatsschuld und für die Amortisation 7,253,920 Thlr.
Davon werden speciell verwandt:

a. zur Verzinsung der allgemeinen und Provinzial-Staatsschulden und zu den Verwaltungskosten der Central-Behörde für Staatsschulden-Wesen 4,961,885 Thlr.
b. Zur Schuldentilgung . 2,251,115 "
c. Zur Tilgung und Verzinsung später übernommener Provinzial-Schulden . . 40,920 "

7,253,920 Thlr.

Hier findet eine kleine Differenz zwischen dieser Angabe und dem Etat für das Jahr 1843 statt, welchen die sub A. angeschlossene Gesammt-Uebersicht enthält. In dieser wird der Gesammtbedarf einschließlich verschiedener dort bezeichneten Ausgaben auf Höhe von 170,506 Thlr.*) zu . . . . 7,239,000 Thlr.
nachgewiesen, mithin . . . . 14,920 Thlr.
weniger, als für 1844 im Budjet veranschlagt sind; jedenfalls fehlt das genaue Zutreffen der Zahlen der beiden officiellen Bekanntmachungen, welche eigentlich auf Heller und Pfennig stim-

*) Bei diesem Posten findet im Vergleich mit den früheren Perioden eine Erhöhung von 18018 statt.

men müßten. Ueberdies ist bei den Erläuterungen gesagt, daß in dem Etat für 1844 die Summe von 26,000 Thrn. in der Ausgabe für die Staatsschulden-Verwaltung erspart worden, wofür jedoch der gehörige Nachweis mangelt.

2. An Pensionen, Competenzen und Leibrenten sind im Etat aufgeführt . . . . 2,217,648 Thlr.

von diesem werden verwendet an etatsmäßigen Fonds zu Pensionen für Staatsdiener ꝛc. 985,527 Thlr.

und an lebenslänglichen Competenzen für Mitglieder aufgehobener Stiftungen u. s. w. . 1,232,121 "

= 2,217,648 Thlr.

Die erstere Post hat sich gegen 1841 um 9527 Thlr. vermehrt; die letztere hat sich durch eingetretene Heimfälle um 76,000 Thlr. vermindert und würde sich noch mehr vermindert haben, wenn nicht auf Grund von Uebertragen aus anderen Etats-Titeln ansehnliche Mehrausgaben hinzugetreten wären. Ein solches Hin- und Herwerfen aus einem Etat auf den andern scheint anzudeuten, wie wenig das Rechnungswesen auf einer systematischen Ordnung beruhe.

3. Für dauernde Renten beträgt die Ausgabe 1,134,988 Thlr. und zerfällt in folgende Abtheilungen:

a. Entschädigung für aufgehobene Rechte 254,110 Thlr.

b. Zinsen der eingezogenen Amts-Cautionen . . . 211,845 "

c. Zur Verzinsung eingezogener Capitale
358,840 Thlr.

d. Zuschuß an die Civil-Witt-
wen-Casse . . . . . 310,193 „

Obgleich bei einzelnen dieser Positionen eine Verminderung eingetreten ist, so hat sich doch die Gesammt-Ausgabe erhöht und zwar Behufs der Verzinsung und Amortisation der angeliehenen Capitalien. Ungeachtet des in den Erläuterungen mitgetheilten Sachverhältnisses bleibt demnach Manches dunkel, besonders in der Vergleichung mit dem Ausgabe-Budjet von 1841.

Inzwischen giebt es keinen Grund mehr, weshalb man jetzt, wo das Vorhandensein einer Schuld offen, wie es einer Regierung so wohl geziemt, ausgesprochen ist, die Verzinsung und Abtragung nicht der Staatsschulden-Tilgungs-Verwaltung mit überweisen und dadurch eine bessere Uebersicht der Gesammtheit der Staatsschuld herbeiführen sollte.

4. Weiset den Etat der zehn Central-Behörden nach, die in der Beilage B. speziell benannt sind und dort aufgeführt stehen mit 330,518 Thlr.; mit dem Etat von 1841 verglichen, ist eine Erhöhung von 24,518 Thlrn. eingetreten.

5. Die für das Ministerium der Geistlichen, Unterrichts- und Medizinal-Angelegenheiten ausgesetzte Summe beträgt 3,119,940 Thlr.; es ist bei diesem Ministerio eine Erhöhung von 90,940 Thlrn. gegen das Etats-Jahr 1841 eingetreten.

6. Für das Ministerium des Innern ist die etatsmäßige Summe von 2,752,656 Thlrn. ausgesetzt. Drei Positionen nehmen einen großen Theil dieser Summe fort:

a. Die Kosten der Polizei-Verwaltung u. s. w.	450,022	Thlr.
b. Die Straf- und Besserungs-Anstalten .	496,827	"
c. Die Landgensdarmerie	631,611	"
in Summa:	1,578,460	Thlr.

Gegen das Jahr 1841 hat der Etat eine Erhöhung von 183,656 Thlrn. erfahren, welche größtentheils durch die Verstärkung der Landgensdarmerie und des Mehrbedarfs der Besserungs- und Strafanstalten entstanden sein soll. Wenn die Positionen a. und c. zusammengeworfen werden, so ergiebt dies eine Summe von 1,081,633 Thlr., welche polizeilichen Zwekken geopfert werden.

7. Der Etat für das Ministerium der auswärtigen Angelegenheiten beläuft sich auf 729,304 Thlr. und ist um 61,304 Thlr. gestiegen, welches nach den mitgetheilten Erläuterungen ausschließlich in einer Vermehrung des Gesandtschafts-Personals seinen Grund hat, die in Folge des lebhaft gewordenen Verkehrs mit dem Auslande eine weiter verbreitete diplomatische Verbindung nöthig gemacht hat, als früher bestand. Wenn sich der äußere Handel günstiger stellen soll als bisher, so wird eine Vermehrung der diplomatischen Agenten noch ferner eintreten müssen.

8. Die Etats für das Kriegs-Ministerium haben sich um 883,208 Thlr. gegen das Jahr 1841 erhöht und fordern für das laufende Jahr 24,604,208 Thlr.; außerdem sind aus dem unter Nr. 19 ausgesetzten Fond für außerordentliche Bedürfnisse ꝛc. noch in den drei Jahren von 1841 bis 1843 zu Festungsbauten 1,720,000 Thlr. verwendet worden. Zu bedauern

ist es, daß ungeachtet des großen Aufwandes für das Heer, Preußen nicht wenigstens einige Dampffregatten besitzt, um seine schon so bedeutende Handels-Marine zu schützen, und um auf eine Preußens würdige Weise in den transatlantischen Staaten auftreten zu können.

9. Der Gesammtbedarf für das Justiz-Ministerium wird in diesem Etats-Jahr auf . . . . 5,985,193 Thlr.
veranschlagt, die Sporteln übertragen diesen
Aufwand mit . . . . 3,707,255 „
mithin ist ein Zuschuß erforderlich von . . 2,277,938 Thlr.
Die Erhöhung von 58,938 Thlrn. wird durch die Erläuterungen vollkommen gerechtfertigt. Nicht gerechtfertigt erscheint es dagegen, daß noch immer die Erhebung der Sporteln den Gerichten überlassen bleibt.

Hier findet sich einer von den vielen Schäden, welche man ebenfalls längst erkannt und seit langer Zeit zu heilen beabsichtigt hat, der aber noch immer fortbesteht. Es scheint, als wenn man sich fürchte irgendwo den Anfang zu machen, an dem Beamten-Staat irgendwie zu rütteln. Es giebt kein Feld für den preußischen Staatsmann, auf welchem er seinem Könige und dem Lande nützlicher sein könnte, als auf dem der Vereinfachung der Verwaltung. Welche Ersparungen an Geld und an Zeit könnten hier eingeführt werden, und letztere ist vielleicht noch wichtiger als das erstere. Man besolde die Beamten reichlich und halte sie in Ehren, damit man auf intelligente, integre und ehrenhafte Beamten rechnen könne; man erdrücke sie nicht durch mechanische Geschäfte, aber man gebe es auf einen Beamten-Staat zu haben. Besonders wichtig ist es bei der Justizverwaltung die richterliche Function von der administrativen zu trennen; beide werden dadurch, eine über die andere, vernachlässigt, und es kommt dahin, daß entweder das Justiz-Personal immer mehr verstärkt werden muß, oder die Geschäfte nothwendig darunter leiden. Für jetzt treten beide Uebelstände zugleich ein.

10. Der Etat für das Finanz-Ministerium wird in dem Budjet von 1844 auf 158,653 Thlr. veranschlagt und hat keine Erhöhung erfahren, wie in den Erläuterungen nachgewiesen wird.

11. Für die Generalverwaltung der Domainen und Forsten beläuft sich der diesjährige Etat auf 99,909 Thlr.

12. Der Ausgabe-Bedarf für die mit dem Finanz-Ministerio verbundene General-Verwaltung für Handel, Gewerbe und Bauwesen und die von dieser ressortirenden Land- und Wasserbauten ist gegen das Jahr 1841 um 574,917 Thlr. gestiegen und fordert 2,008,917 Thlr.

Die über die Ursache dieser Erhöhung mitgetheilten Erläuterungen sind unvollständig. 500,000 Thlr. haben die Bestimmung auf die Beförderung des Baues der Eisenbahnen einzuwirken. Ob und auf welche Weise dies geschehen soll, wird nicht gesagt, nur, daß wenn die Summe nicht ausgegeben wird, sie aufbewahrt bleibt.

13. Der Etat für die Chaussée-Verwaltung ist auf 2,782,800 Thlr. festgesetzt. Unter den speziellen Summen sind unter d. zur Verzinsung und Abbürdung der angeliehenen Chausséebau-

Capitalien 576,000 Thlr. aufgeführt, aber in den Erläuterungen nicht gesagt, wie hoch die Zinsen und wie hoch die Amortisations-Rente sich beläuft. Die Erläuterungen hören auch hier wieder auf, wo sie anfangen sollten. Soviel steht jedenfalls fest, eine Schuld ist vorhanden.

14. Der Ausgabe-Etat für die Oberpräsidenten und Regierungen ist auf 1,704,489 Thlr. festgesetzt und hat gegen das Jahr 1841 eine geringe Erhöhung von 5489 Thlrn. erfahren.

15. Der Bedarf für die Gestüt-Verwaltung beträgt 173,306 Thlr. und ist nicht erhöht.

16. Hier stehen zur Ablösung kleiner Renten 100,000 Thlr. ausgeworfen; welcher Natur diese sind, wird nicht angegeben.

17. Ein Fond von 400,000 Thlr., zur Deckung des Verlustes bei Umprägungen von Münzen. Ob der Staat eine Einnahme aus dem Münzregal bezieht, wird ganz übergangen. Da der doppelte Betrag für das Umprägen der Münzen gegen 1841 angesetzt ist, so scheint es, daß noch bedeutende Summen dieser Procedur unterzogen werden sollen. Im Publikum ist man der Meinung gewesen, die Umprägung sei größtentheils beendet.

18. Zu wohlthätigen Zwecken 16,000 Thlr.

19. Zu extraordinairen Bedürfnissen, als zu Chausseen und Brücken, sind ausgesetzt 2,500,000 Thlr.

20. Dispositions-Fond zu Gnadenbewilligungen 350,000 Thaler.

21. Zur Uebertragung der Einnahme-Ausfälle bei den Post-Revenüen 1,000,000 Thlr. Diese Summe scheint sehr sum-

marisch angegeben; die bisher eingetretenen Ermäßigungen am Briefporto können höchstens auf ein Drittel angeschlagen werden, da sie erst theilweise eingetreten sind und da ohne die Ueberschüsse bisher 1,400,000 Thlr. abgeführt wurden.

22. Zu unvorhergesehenen Ausgaben 500,000 Thlr.

23. Zur Ansammlung eines Deckungsfonds zur Bestreitung der für die Eisenbahn-Bauten zu übernehmenden Verbindlichkeiten . . . . 1,462,000 Thlr.

in Summa 5,812,000 Thlr.

Diese 5,812,000 Thlr. der fünf letzten Positionen haben eine so allgemeine Bestimmung, daß es scheint, die Behörden seien verlegen gewesen, unter welchen Titeln sie diese in Ausgabe bringen sollten, ohne in Hinsicht der freien Disposition gebunden zu sein. Hierdurch wird nun am Schlusse des Budjets die Meinung noch mehr bestätigt, durch einen Nachweis wie der vorliegende werde der Wille des Monarchen nicht erfüllt, daß Jedermann von dem wahren Zustande der Finanzen des Landes vollständig unterrichtet werden solle, und sich überzeuge, daß nicht mehr an Abgaben gefordert werde, als das dringende Bedürfniß für die innere und äußere Sicherheit ꝛc. erfordere.

Wenn wir, nachdem wir den Bericht der Staatsschulden-Verwaltung und des Finanz-Ministerii theilweise in ihren einzelnen Positionen durchgegangen sind, nun auf das Resultat des Ganzen übergehen, so ist dies wahrlich nichts weniger als zufriedenstellend, denn wenngleich:

erstens durch die Operation der Staatsschulden-Verwaltung die verbriefte Schuld, wie in dem ersten Abschnitt nachgewiesen worden ist, bedeutend abgenommen hat, so ist doch nach Compensation des durch den Verkauf der Domainen verminderten Activ-Vermögens gegen die getilgte Schuldenmasse, die eigentliche Schuld noch bedeutend vermehrt worden, und wenn dies, wie wir vermuthen, zwar durch andere nicht benannte Activa gedeckt wird, so bleibt es wenigstens zu bedauern, daß dies nur auf Vermuthungen beruht und nicht nachgewiesen ist.

Zweitens. Laut Bericht der Schulden-Verwaltung soll durch die Verminderung der Staatsschuld und durch die des Zinsfußes von 4 auf 3½ pro cent. der Bedarf für die Verzinsung und Amortisation, welcher in der Periode von 1833 bis 1842 die Summe von . . . . . . 9,318,488 Thlr. in Anspruch nahm, in der nächsten Periode nur noch . . . . 7,239,000 = erfordern, wodurch dem Staate eine Verminderung von . . . . 2,079,488 Thlr. in der Ausgabe entstanden sei.

Allerdings würde eine solche Verminderung der für die Verzinsung der Staatsschuld nöthigen Summe eine große Verbesserung in dem Zustande der Finanzen nachweisen, wenn sie eine wirkliche wäre. Da wir aber im ersten Abschnitte gezeigt haben, daß die Staatsschuld nicht vermindert, sondern vermehrt sei, so liegt es uns ob nachzuweisen, ob diese dennoch um die Summe von 2,079,488 Thlrn. wirklich vermindert worden sei, oder nur so scheine. Letzteres ist der Fall, denn die Verminderung hat ihren Grund:

a) darin, daß die Regierung beschlossen hat die Amortisation zu beschränken; zu dieser waren in der früheren Periode

ausgesetzt	2,739,989 Thlr.
in der jetzigen dagegen nur	2,163,425 "
mithin weniger	576,564 Thlr.

Diese Verringerung der Tilgungsraten ist gewiß sehr zweckmäßig, kann aber nicht als eine Verminderung des Bedarfs angesehen werden. *)

b) Daß in dieser Periode 14,792,000 Thlr. Domainen-Veräußerungs- und Ablösungs-Gelder eingegangen sind, welche nur nach dem Zinsfuß von 3½ pro cent. berechnet, 517,720 Thlr. betragen. Da diese Verminderung auf einer anderen Seite durch einen noch größeren Verlust an den Revenuen erkauft ist, indem die Ablösung zum Zinsfuß von 4 pro cent. erfolgte, so muß auch diese Summe von der obigen abgezogen werden. Beide zusammen betragen: 1,094,284 Thlr., welche von dem oben berechneten geringern Bedarf von . . 2,079,488 Thlrn. abgezogen, sich auf . . . . . . 985,204 " reduciren. Dagegen erfordert aber die Tilgung und Verzinsung der neugemachten Schulden, wie aus der vorhin

*) Es würde nach unserem Dafürhalten keine bessere Finanzoperation geben, als die unfruchtbare Tilgung einzustellen und zum Bau der Eisenbahnen zu verwenden.

Transport	985,204 Thlr.
allegirten Stelle des Budjets hervorgeht, die Summe von circa*) . .	1,400,795 "
mithin statt 2,079,488 Thlr. weniger, ein Mehr von	415,591 Thlrn
und diese würden sich, wenn nicht glücklicherweise durch die Zinsreduction erspart worden	494,866 "
jetzt belaufen auf	910,457 Thlr.

Drittens. Die im Ausgabe-Budjet der früheren Periode, zur Tilgung der Staatsschuld, in Folge des Gesetzes vom 17. Januar 1820 ausgeworfenen Summen sind, wie aus dem Bericht der Staatsschulden-Verwaltung hervorgeht, nur zum geringsten Theil abgeführt; ob es möglich gewesen sei es zu thun, ohne anderweitige, nothwendige und nützliche Ausgaben zu unterlassen, ob es daher nicht vielleicht nützlich gewesen sei, diese Einzahlungen zu beschränken, bleibt dahin gestellt, wir berichten das Faktische.

Viertens. Noch weniger erfreulich ist das Gesammt-Resultat, welches das Budjet liefert, und fordert zu manchen sehr ernsten Betrachtungen auf.

Durch den Fleiß des Landmannes, durch die Gewerbthätigkeit des Volkes und durch die väterliche Sorge der Regierung, beide zu heben, hat der allgemeine Wohlstand, unter den Segnungen eines langen Friedens, erfreuliche Fortschritte gemacht. In Folge dessen sind die Einnahmen des Staates

*) Siehe den Nachweis S. 13, 14.

und namentlich in der letzten Periode, ungeachtet eines Steuer-Erlasses am Salz von circa 1,600,000 Thlrn. und an dem Briefporto von vielleicht 4 bis 600,000 Thlrn., um mehrere Millionen gestiegen; allein fast in gleichem Maaße haben auch die Ausgaben für die Verwaltung zugenommen und diese Erscheinung wiederholt sich schon seit dem Jahre 1822 fortlaufend. Wohin wird und muß dies am Ende bringen? wer bürgt dafür, daß der Wohlstand des Volkes und in Folge dessen die Staatseinnahmen nicht wieder, durch äußere Verhältnisse oder Mißgriffe der Verwaltung veranlaßt, zurückgehen, und dann, da es sehr schwer ist den Etat wieder zu beschränken, zu einer Zerrüttung der Finanzen führen müsse?

Eine der größten und allgemein anerkannten Krankheiten, an der unser Staat leidet, ist die riesenhafte Verwaltung, welche eine solche Ausdehnung erhalten hat, daß sie das Volk belästigt, die Finanzquellen übermäßig in Anspruch nimmt und in sich den Keim einer immer größeren Verbreitung trägt, wenn nicht endlich zu einer durchgreifenden Reform und zu einer Beschränkung des Administrations-Luxus aller Art geschritten wird.

Trotz der Masse von Ministerien, wie sie kein Land außer Preußen hat, der vielen Central- und anderen Behörden, sind dennoch wichtige Zweige der Verwaltung bisher ganz vernachlässigt geblieben, und wir müssen es dem Monarchen danken, daß derselbe durch die Einrichtung des Landes-Oeconomie-Collegiums und einer Handelskammer längst gefühlten dringenden Bedürfnissen abgeholfen hat, welches wir ausdrücklich bevorworten wollen, um eine Mißdeutung des eben Gesagten abzuwenden.

Allein die vorhin erwähnten Mängel sind nicht die einzigen, zu welchen das Budjet hinführt. So wenig bestimmte Resultate dasselbe auch gewährt, so ersieht man doch aus diesen, daß es an einer allgemeinen Leitung der Finanzen, an dem nöthigen Zusammenwirken und an einer klaren Uebersicht des Ganzen fehlt.

Die Finanzen des Landes werden, wie das Budjet erweiset, von sechs Ministern verwaltet:

1) vom Finanz-Ministerio,
2) vom Ministerio der Schuldenverwaltung und der Königlichen Geld-Institute,
3) von dem des Staatschatzes,
4) von dem der Domainen und Forsten,
5) von dem der Justiz und
6) von dem der Post.

Schon in dem Buche „Preußens Finanzen", welches 1841 erschienen ist, haben wir darauf aufmerksam gemacht, wie nothwendig es sei, die Finanzpartie in Eine Hand zu legen, schon deshalb, um mit Einsicht und Kraft auf die Geldverhältnisse im Allgemeinen wohlthätig und hülfreich einwirken zu können.

So lange die Finanzwissenschaft sich noch in der Kindheit befand, glaubte man, die ganze Aufgabe einer Finanzbehörde bestehe darin, möglichst viel einzunehmen, moglichst wenig auszugeben und sich auf der Börse so viel Credit zu erhalten, daß man Staats-Anleihen erlangen könne, wenn man sie brauchte, für alles Andere ließ man Gott und die Einzelnen sorgen. Bei einer solchen Ansicht ward aber die eigentliche Aufgabe, welche die Wissenschaft und die großartigere Entwickelung des Verkehrs der heutigen Finanz-Verwaltung auflegt, ganz übersehen, nämlich, daß es zuerst und vor Allem auf die Erhaltung der Abgaben-Fähigkeit des Volkes, auf die Förderung des Reichthums ankomme, und daß in dem blühenden Zustande der Finanzen des Landes die sicherste Unterlage der Finanzen des Staates, seiner Macht und Wohlfahrt ruhe.

Soll diese Aufgabe aber gelöst werden, so muß sich die Finanz-Verwaltung auf den höheren Standpunkt erheben, dafür Sorge tragen, daß der Geldumlauf nicht gehemmt werde, dem Handel und den Gewerben die Gelegenheit verschaffen sich mit den nöthigen Betriebs-Capitalien zu versehen,*) die Steuern so einrichten, daß sie den Verkehr nicht beschränken und einengen, und sich vor Allem in einer vollkommenen Uebersicht des Ganzen erhalten. Um dies zu können und auf die ganzen finanziellen Zustände einzuwirken, müssen sich alle Zweige dieser Verwaltungspartei in Einer Hand concentriren, um gemeinschaftlich das gegebene Ziel zu verfolgen.

Schon vorhin ist darauf aufmerksam gemacht worden, welche

*) Soll der Finanz-Minister darauf hinwirken können, den Geldumlauf zu fördern, so muß er, wenn es das Bedürfniß fordert, Papiergeld ausgeben und wieder einziehen, so muß er durch die Königlichen Banken den Verkehr unterstützen können, wenn dieser es bedarf. Besser wäre es, wenn außer den Königlichen Banken auch noch Privatbanken beständen, ein großartiger Verkehr bedarf deren; seit 30 Jahren haben wir dies gepredigt, und die stettiner Bank, die uns zu errichten erlaubt ward, beweist es durch ihren Einfluß auf den Flor von Stettin und der Provinz Pommern.

Nachtheile daraus entstanden sind, daß nachdem die Staatsschulden-Verwaltung bedeutende und mit Erfolg gekrönte Anstrengungen gemacht hatte, den Zinsfuß niedriger zu stellen, und das Ministerium des Innern durch die Erlaubniß zur Heruntersetzung der Pfandbriefs-Zinsen dasselbe Ziel verfolgt hatte, die Finanz-Verwaltung durch die Garantie des Ertrages der Eisenbahnen zu einem, die Geldkräfte des Landes übersteigenden Bau derselben den Zinsfuß gesteigert und die Capitalien den Gewerben entzogen habe.

Nachdem man nun in den Irrthum verfallen war, die Bahnen nicht für Rechnung des Staates zu bauen, und in Folge dessen aus Mangel an Geld und Credit im Allgemeinen Stockungen im Verkehr entstanden sind, sehen sich wieder die großen Geld-Institute der Regierung im Interesse ihrer Partie genöthigt, den Credit, den sie bisher dem Verkehr gewährt haben, durch Erhöhung des Zinsfußes zu beschränken, und so wiederum die Maßregeln, die vom Finanz-Ministerio ausgegangen sind, noch unhaltbarer und für das Land gefahrvoller zu machen.

Sollte es nun noch vollends dahin kommen, daß die Regierung, um die preußischen und andern Bahnen zu Stande zu bringen, wie dies beantragt ist, 4 pro cent. den Bauunternehmern garantirte, so würde dieses Entgegenwirken einer Königlichen Finanz-Behörde gegen die andere nur damit enden können, den Staats-Credit völlig zu erschüttern und das Land zu Grunde zu richten. Dies ist so klar, daß wenig finanzielle Kenntnisse und eine geringe Bekanntschaft mit den Bewegungen des Geldes dazu gehören, um einzusehen, wie verderblich dies sei.

Unmöglich kann die Regierung es daher ferner zugeben, daß solche Operation sich wiederhole, sie kann sie nur hindern durch Uebereinstimmung in den Verwaltungsmaßregeln, und es ist ihre Pflicht und liegt in ihrem Interesse, schleunigst durchgreifend einzuschreiten. Wie ernst die Verhältnisse dazu auffordern solche Ansichten nicht von sich zu stoßen, beweiset der jetzige Zustand des Geldmarkts. Von allen großen Staaten ist Preußen mit Rücksicht auf seine finanziellen Hilfsquellen am wenigsten verschuldet.

Vor etwa zwei Jahren erfreute sich Preußen eines Staats-Credits wie fast keines der andern großen Reiche und wie steht es jetzt mit diesem? Rußland, Oesterreich, Frankreich, England, Belgien und Holland, welche, mit Ausnahme des letztern, Alle Staatsbahnen bauen; welche, England ausgenommen, in neuester Zeit große Staatsanleihen gemacht haben, die immer auf den Cours drücken, erfreuen sich eines steigenden Credits, wie dies die Erhöhung des Courses ihrer Papiere erweiset. Preußen allein sieht seine Papiere sinken; um 4 pro cent. ist ihr Cours gewichen, in derselben Zeit, in welcher die Papiere des übermäßig verschuldeten Hollands 9 pro cent. gestiegen sind.

Vorhin ist nachgewiesen, daß in den erfolgten Mißgriffen und in dem Mißverhältniß, welches in dem Geldbedürfniß und den Geldmitteln eingetreten ist, der Credit erschüttert sei und hierin sich die Ursache aller Verlegenheiten finde, welche jetzt das ganze Land bedrohen. Das richtige Verhältniß in den Geldmitteln und dem Geldbedarf wieder herzustellen und zugleich den Credit neu zu beleben, ist das einzige durchgreifende Heilmittel. Beides kann aber zunächst durch eine Anleihe im Auslande und namentlich in England bewirkt werden, und zwar Behufs des Baues der Eisenbahnstrecken, die noch fehlen.

Oesterreich ist so vorsichtig gewesen, 80 Millionen zu diesem Zwecke zu negociiren; Baiern ist diesem Beispiel gefolgt. Das französische Ministerium hat zum Voraus 200 Millionen Francs negociirt, obgleich es diese für den Augenblick nicht zu brauchen scheint. Rußland eröffnet eine Anleihe von 50 Millionen Rubel, und Preußen allein hat bis jetzt Anstand genommen es zu thun, so nothwendig es auch ist, und warum? weil es in der Verfassungsfrage nicht vorgehen will, weil es die Stände nicht zusammenberufen will, um mit deren Zustimmung ein Darlehn aufzunehmen! Doch wir wollen uns hier nicht in die politische Seite der Sache vertiefen, in uns wohnt der feste Glauben, daß Preußens Monarch, wo es die Wohlfahrt seines Volks, die Macht und Größe seines Hauses verlangt, sich durch nichts abhalten lassen werde, das Beste seines Volks zu fördern.

Daß die Anleihe in England nicht zu klein sein dürfe, wenn sie helfen soll, liegt in dem Umfange des Bedürfnisses; inzwischen würden wahrscheinlich 20 bis 25 Millionen Thlr., bei den vielen Hülfsquellen, die der Regierung außerdem zu Gebote stehen, auch schon als ausreichend erscheinen. Obgleich dies Geld nicht gleich gebraucht, sondern erst nach und nach zum Bau verwendet wird, so müßte es doch in nicht zu fernen Terminen bezogen werden, um dadurch den Geldmangel zu beseitigen, und namentlich die Fonds der Bank und Seehandlung in den Stand zu setzen, den Handel und die Gewerbe mit Geld kräftig zu unterstützen, welches, wenn auch die Grundsätze, nach denen diese Institute discontiren, sehr beengt sind, dennoch auf den ganzen Verkehr sehr wohlthätig einwirken, und den Credit stärken würde.

Inzwischen giebt es noch eine andere bedeutende Hülfsquelle, welche die Regierung bis jetzt unbenutzt gelassen hat, und die sie in den Stand setzen kann, selbst ohne Opfer, den Bau der noch fehlenden Eisenbahnen zu vollenden und die Uebelstände zu beseitigen, durch welche die jetzige Verlegenheit herbeigeführt ist. Dieses Mittel besteht darin: die Masse der Cassenanweisungen zu vermehren. Die Regierung ist in Folge nachtheiliger Erfahrung während der früheren Kriegsjahre, mit der Ausgabe von Papiergeld sehr vorsichtig gewesen, und die ganze, jetzt im Umlauf befindliche Summe beläuft sich auf 25,742,347 Thlr., von welcher Summe nur 11,242,347 Thlr. als Schuld zu betrachten und ohne Pfand in Circulation gesetzt sind, während für die übrigen 14,500,000 Thlr. Staatsschuldscheine angekauft und bei der Staatsschulden-Verwaltung als Pfand niedergelegt sind. Daß diese Summe bei Weitem das Bedürfniß nicht deckt, ist allgemein bekannt und anerkannt, und beweiset sich schon dadurch, daß in den mittleren Provinzen wenige und in den östlichen Provinzen fast keine Cassenscheine im Course sind und Agio zahlen.

Die gründlichsten Berechnungen, basirt auf den Verkehr in Preußen und mit dem übrigen Deutschland, lassen keine Zweifel übrig, daß die doppelte Summe in Circulation gesetzt werden könnte, ohne den Markt zu überfüllen, wobei jedoch zu empfehlen wäre, eine plötzliche Ausgabe zu vermeiden und sie immer nur im Verhältniß des sich kundgebenden Bedürfnisses erfolgen zu lassen. Da dieses aber gegenwärtig sehr stark ist, so würden 12 bis 15 Millionen den Markt wahrscheinlich nicht überfüllen können.

Zwei Einwendungen sind es, welche gegen die Ausgabe einer größeren Summe Papiergeld erhoben werden. Die erste besteht darin, daß das Papiergeld das baare Geld aus dem Lande treibe. Dies ist eine alte Tradition, die dem Mangel an richtigem Urtheil zur Unterlage dient. Papiergeld, von der Regierung ausgegeben, ist Landesgeld, und unterscheidet sich dadurch von dem Metall- oder Weltgelde, daß der Kreis seiner Gültigkeit beschränkt ist.

Da oft Papiergeld von den Regierungen in Masse ausgegeben worden ist, um sich aus finanziellen Verlegenheiten zu retten, und sich dann zuweilen gezeigt hat, daß alles baare Geld aus dem Lande verschwunden war, so ist die Meinung entstanden, das Papiergeld vertreibe das Metallgeld und man hat dies durch künstliche Deductionen zu beweisen gesucht. Der Grund, warum das Metallgeld solche Länder verläßt, wo unter eben bezeichneten Verhältnissen Papiergeld ausgegeben war, ist ein ganz anderer.

Wenn die Finanzen einer Regierung so in Unordnung gerathen sind, daß sie, um das Deficit im Budjet zu decken, zur

Emanirung großer Massen Papiergeld gezwungen wird, so beweiset dieses entweder, daß in diesem Lande eine schlechte Finanz-Wirthschaft bestehe, ein, die Kräfte des Landes überschreitender Aufwand gemacht werde, oder daß die Handels-Bilance sehr unglücklich sei. In beiden Fällen wird das Metallgeld, als das Weltgeld, aus dem Lande verschwinden. Im ersteren, weil die Ausgabe des Papiergeldes es der Regierung noch einige Zeit gestattet, den unnützen Aufwand fortzusetzen, da das Papiergeld das Metallgeld auf dem innern Markte ersetzt; im zweiten Falle, weil die nachtheilige Handels-Bilance nun möglicherweise noch einige Zeit fortbestehen kann, ohne daß man sich zu ernsten Hülfsmaßregeln entschließt. Oesterreich, Frankreich in den ersten Perioden der Revolution, Dänemark und mehrere Länder haben uns Beispiele davon gegeben.

Wo dagegen das Papiergeld in mäßigen Summen, nicht aus finanzieller Verlegenheit und um wohlfeile Schulden zu contrahiren, sondern zur Belebung des Verkehrs in Circulation gebracht wird, da hat es diese Wirkung nicht gezeigt. England, welches das meiste Papiergeld im Umlauf hat, ist zugleich das große Magazin für die edlen Metalle, trotz dem, daß es keine Bergwerke hat. Doch wir können durch ein uns viel näheres Beispiel unsere Ansicht beweisen.

Preußen hat 25,742,347 Thlr. Cassenscheine in Circulation, und der größte Theil derselben hat die Heimath verlassen und das schwerfällige Metallgeld ist im Lande geblieben. Was sagt die Theorie zu dieser Praris, liegt hierin nicht eine Aufforderung, das baare Geld noch mehr im Lande zu erhalten? —

Für den vorliegenden Fall beweiset diese Erfahrung mehr als jede Deduction. Da aber die Handels-Bilance in diesem Augenblicke ungünstig für Preußen ist, so wird ein vorsichtiger Finanzier gleichzeitig eine Anleihe im Auslande mit der Ausgabe des Papiergeldes zu verbinden gezwungen sein, weshalb wir diese auch mit in Antrag gebracht haben.

Der zweite Einwand besteht darin, daß, da die preußische Regierung sich zur baaren Realisation der Cassenscheine und zur Annahme derselben bei den Steuern verpflichtet hat, im Fall eines Krieges und eines dadurch herbeigeführten Andranges dieses Papiers bei den Realisations-Comptoirs, bedeutende Verlegenheiten entstehen könnten.

Mit gutem Grunde kann dagegen angeführt werden, daß diese Gefahr, wenn sie eine sei, was wohl nicht abzuleugnen ist, schon jetzt bei den in Umlauf gesetzten 25,742,347 Thalern in vollem Maße besteht, indem die Regierung nie im Stande sein würde, eine so bedeutende Summe im Fall eines Krieges baar zu realisiren oder bei den Steuern zu pari anzunehmen, und in einem solchen Augenblick es unmöglich sein würde, durch den Verkauf der für 14,500,000 Thlr. niedergelegten Staatsschuldscheine sich die Realisationsmittel zu schaffen, selbst wenn man die größten Opfer dabei nicht scheuen wollte. Wir glauben in Hinsicht der Richtigkeit dieser Ansicht uns dreist auf alle Diejenigen berufen zu können, die mit dem Börsengeschäfte und dem Geldmarkt während eines Krieges bekannt sind. Es steht mithin wohl fest, daß für den Fall der Eventualität eines Krieges schon viel zu viel Cassenscheine ausgegeben sind; ein doppelter

Fehlgriff würde es aber sein, wenn man, nachdem es dahin gekommen ist, nun für den Fall des Friedens zu wenig ausgeben wollte.

Ehe man die Cassenscheine ausgab, war es Zeit, daran zu denken, sich auch für die Folgen, wie sie eben bezeichnet sind, sicher zu stellen, und dies war nicht schwer. Wenn man bei der Ausgabe der Cassenscheine versprochen hätte, sie in Friedenszeiten baar zu realisiren und bei den Steuern für voll anzunehmen, zugleich aber offen erklärt hätte: wenn im Falle eines Krieges die Realisation unmöglich werden sollte, so wolle man den Inhabern auf ihr Verlangen, etwa in Apoints von 50 Thlrn., Staatsschuldscheine, mit einer besondern Littera versehen, zur Unterscheidung von allen anderen behändigen, die demnächst zu jeder Zeit für voll gegen Cassenscheine realisirt werden könnten, so würde das Publikum um so weniger Bedenken getragen haben sie anzunehmen, als es sich jeder selbst sagen kann, daß der Staat sie im Falle des Krieges nicht zu realisiren im Stande ist, und die Gefahr, nicht Wort halten zu können, wäre beseitigt gewesen; allein der Mensch überlegt oft erst, wenn es zu spät ist. Jetzt schwebt dem Lande während des Friedens der Krieg in dieser Beziehung immer als ein Gespenst vor, und man opfert ihm vielleicht die Vortheile des Friedens.

Nachdem nun hier die einzelnen Punkte des Planes angedeutet worden sind, um den beabsichtigten umfangreichen Bau der Eisenbahnen auszuführen, ohne dem Verkehr die Mittel zu seinem Betriebe zu entziehen, werden wir ihn jetzt noch im Ganzen zusammenfassen, mit Rücksicht auf seine Ausführbarkeit und Nützlichkeit.

Als erste Grundbedingung betrachten wir es, daß die noch zu bauenden Bahnstrecken und diejenigen, welche zwar schon begonnen sind, wo die jetzigen Unternehmer sich aber geneigt zeigen sollten, ihre Concession der Regierung abzutreten, für Rechnung des Staats gebaut werden. Ob die Regierung selbst baut oder diesen Unternehmern überträgt, ist im Ganzen gleichgültig und eine Rechnungsfrage.

Den bereits von uns und von vielen Anderen ausgeführten Gründen für den Bau der Bahnen für Rechnung der Regierung, müssen wir noch mit Bezug auf die östlichen Bahnstrecken, welche Preußen, Posen, die Neumark und Hinterpommern durchschneiden, einen hinzufügen, der von Wichtigkeit ist.

Allgemein hat sich die Meinung gebildet, der Personen-Verkehr auf diesen Strecken werde bei der geringen Dichtigkeit der Bevölkerung dieser Provinzen unbedeutend bleiben und daher schwerlich die Unterhaltungskosten und die Zinsen des Anlage-Capitals tragen können. Diese Besorgniß ist auch vollkommen begründet; dagegen wird auf diesen Bahnstrecken, wenn die Frachten nicht zu hoch gestellt werden, ein lebhafter Producten-Verkehr stattfinden, weil es den Provinzen, welche sie durchlaufen, an Absatz für ihre Erzeugnisse fehlt. Die Regierung selbst hat ein sehr nahes Interesse diesen zu befördern, weil es die Bedingung des Flors dieser in der Cultur noch zum Theil sehr zurückgebliebenen Landestheile ist. Hierin liegt nun ein überwiegender Grund für die Regierung, sich die Disposition über die Bahnen vorzubehalten, um den Tarif nach ihrem Ermessen bestimmen zu können; sie wird dadurch in die Lage versetzt, neben der Verfolgung wichtiger staatsöconomischer Zwecke, zugleich auch auf eine steigende Einnahme aus den Eisenbahnen einwirken zu können.

Die Eröffnung einer Anleihe im Auslande ist nicht allein zur Sicherung der Ausführung des Baues der Bahnstrecken nöthig, sondern auch, um den Kreislauf des Geldes und den Credit wieder herzustellen, und einer Zerstörung des Vermögens vorzubeugen, welche stets die Folge einer bedeutenden Geldcrisis ist. Daß die Eröffnung einer solchen Anleihe in England geschehe, ist eine Hauptbedingung, weil wiederum so viel Geld für Eisenbahnschienen nach England wandert, und weil es überdem dort am wohlfeilsten zu haben sein wird. Sehr nöthig scheint es aber, mit der Eröffnung nicht zu säumen. Frankreich ist uns schon mit seiner Anleihe zuvorgekommen; inzwischen bei den weiten Zahlungsterminen, die die französische Regierung gesetzt hat, wird diese Anleihe den Geldmarkt nicht drücken. Weit mehr könnte dies der Fall sein, wenn erst vom Parlament der Bau so vieler Eisenbahnstrecken genehmigt werden sollte, als jetzt beabsichtigt werden. Selbst in England hat man schon das Bedenken erhoben, ob zu so umfangreichen Bauten die Mittel vorhanden sein würden; jedenfalls wird das Geldbedürfniß zu selbigen den Werth des Geldes steigern, und je länger daher mit Eröffnung einer Anleihe gezögert wird, je theurer wird sie zu stehen kommen.

Wie groß dieses Capital sein müsse, richtet sich, wie bereits erwähnt, nach dem Umfange der Bauten, welche die Regierung übernehmen will. Inzwischen angenommen, daß die Kosten sich im Verlaufe der Zeit auf 50 bis 60 Millionen belaufen sollten, so würde doch eine Anleihe von 20 bis 25 Millionen Thlrn. vollkommen ausreichen, wenn man sich entschlösse, noch 12 bis 15 Millionen Cassenscheine in Circulation zu setzen.

Der Bau kann der Natur der Sache nach nur in einer langen Reihe von Jahren ausgeführt werden, das Capital wird daher zum Bau selbst nicht auf einmal, sondern wie dieser vorschreitet, gebraucht. Nun darf nicht übersehen werden, daß wenn auch jetzt durch die plötzliche Auflösung so vieler Capitalien Mangel an diesen entstanden ist, sie sich doch naturgemäß immer mit der Zeit wieder ansammeln, und daß daher, wenn jetzt nur verhindert wird, daß die augenblickliche Noth nicht zu einer Capitals-Zerstörung durch Concurse und Subhastationen übergehe, ehe die Bauten vollendet sind, der Regierung demnächst im Lande selbst die Capitalien zu Gebote stehen werden.

An dem Gelingen der Anleihe unter geschickter und erfahrener Leitung ist nicht zu zweifeln. Da nach den Erläuterungen zu Nr. 12 des Budjets schon ein Fond von 500,000 Thlrn., nebst den Ueberschüssen des Salz-Monopols in dem Etat von 1843 für Eisenbahnzwecke ausgeworfen ist, so würden die Zinsen der Anleihe während der Bauzeit dadurch zum Theil gedeckt sein, und da unter Nr. 23 des Budjets zur Ansammlung eines Deckungs-Fonds und zur Bestreitung der für Eisenbahn-Bauten zu übernehmenden Verbindlichkeiten noch 1,462,000 Thlr. ausgeworfen sind, so wird von der dazu ausgesetzten Summe nur die Hälfte zur

Zahlung der Zinsen gebraucht werden, mithin die zweite Hälfte zur Disposition für mögliche Zinsausfälle verbleiben, welche zwar unzweifelhaft eintreten werden, wenn die Bauten den Privaten überlassen bleiben, nicht aber, wenn die Regierung diese übernimmt, um so weniger, da es von ihr abhängt durch Ausgabe von Cassen-Anweisungen bedeutend an den Zinsen zu sparen. Dabei kommt noch in Betracht, daß bei Befolgung dieses Planes die Staatscassen bedeutende Summen ersparen, zu welchen sie sich jetzt durch den Baareinschuß von $\frac{1}{7}$ des Bau-Capitals, bei den mit Zinsgarantie ausgegebenen Concessionen verpflichtet haben, welches den Staats-Fonds sehr bedeutend schwächen muß, wenn die Netto-Einnahme nicht viel bedeutender sein sollte, als sie im Budjet nachgewiesen wird.

Einer der wichtigsten Punkte des ganzen Planes liegt in der Vermehrung der Cassen-Anweisungen, wodurch die Verzinsung um so viel leichter wird. Angenommen, der Umfang der zu übernehmenden Bauten forderte in den ersten 5 Jahren ein Capital von 35 Millionen Thlrn. (eine hohe Annahme), welche mit 20 Millionen durch eine Anleihe in England zu 4 pro cent. und 15 Millionen durch Ausfertigung neuer Cassen-Anweisungen gedeckt würden. Die Verzinsung der 20 Millionen würde à 4 pro cent. 800,000 betragen, da die 15 Millionen aber zinsfrei hinzukommen, so würden die 35 Millionen nur eine Verzinsung von $2\frac{2}{7}$ pro cent. fordern, während den Privat-Unternehmern wenigstens 4 pro cent. garantirt werden müßten, wenn die Bahn zu Stande kommen sollte.

Es geht hieraus hervor, welche pecuniairen Vortheile der

Plan — alles übrige abgerechnet — den Staats-Cassen verspricht. Eine wichtige Frage bleibt hier noch zu beantworten, wie die Fonds zur Amortisation des Capitals beschafft werden sollen. Hier möchten wir, auf die Gefahr in Berlin für einen finanziellen Freigeist verschrieen zu werden, fragen: ist denn die Amortisation nöthig? und unter welchen Verhältnissen ist dies der Fall, unter welchen nicht?

Wenn ein Land hoch verschuldet ist, d. h. die Zinsenlast so groß wird, daß sie nur durch hohe und lästige Abgaben erschwungen werden kann, wenn ferner in einem Staate die ganze Finanz-Verwaltung in die Hände der Beamten gelegt ist und keine andere Controlle besteht als die einer Verwaltung der andern gegenüber, so muß das Volk wünschen, daß die Schulden-Masse durch Tilgung vermindert werde. Zu einer Vermehrung der Steuern wird selbst in den absoluten Monarchien nicht gern geschritten, weil in der Regel das Wohlwollen des Herrschers sich dagegen sträubt und es diesen auch sehr unpopulair macht; aber gegen die Möglichkeit nachtheiliger Operationen schützt wenigstens eine gegen die Staatsgläubiger eingegangene Verpflichtung zur Amortisation. Den Beweis wird man uns wohl erlassen!!

Wo dagegen die Schuldenlast und der zu zahlende Zinsfuß nicht sehr hoch ist, und wo eine Bürgschaft für eine zweckmäßige und geregelte Verwaltung der Finanzen besteht, da führt die Tilgung zu wesentlichen Nachtheilen, denn in guten Zeiten wird die Unterbringung der abgezahlten Capitalien ihren Inhabern schwer und verleitet diese leicht zu gewagten Geschäften, entführt das Geld dem Lande, der Regierung dagegen entzieht es die Disposition über bedeutende Summen, welche sie viel nützlicher und fruchtbringender im Lande verwenden kann als indem sie damit Schulden abzahlt.

Nicht oft genug kann man den Satz wiederholen, daß in den Abgaben keine Calamität liegt, wohl aber in der schlechten Verwendung. Ein reiches Land kann durch zu geringe Abgaben zu einem armen gemacht werden. Letzteres beweiset Ungarn, eines der gesegnetsten Länder von Europa, und dabei ein armes Land und aus keinen andern Gründen als den eben angeführten.

Sehr nahe liegt es, daß durch die vereinigten Kräfte Vieler, ohne Anstrengung etwas Großes geleistet werden könne, aber es bedarf einer Bürgschaft der richtigen Verwendung und diese kann nur in der Controlle der Stände gefunden werden.

Gegen die Richtigkeit dieser Ansicht wird wohl mit Grund nichts zu erinnern sein, und wenn daher der Zeitpunkt gekommen wäre, wo den Ständen des Reichs die Einsicht und Controlle des Staatshaushaltes nicht länger vorenthalten würde, so würde jede Schuldentilgung, zu welcher man nicht durch das gegebene Versprechen verpflichtet wäre, nachtheilig sein, wenigstens so lange als das Geld noch besser zu verwenden ist, wozu es wahrlich an Gelegenheit nicht fehlt, wenn man die Bedürfnisse berücksichtiget. Inzwischen läßt es sich bei einer neu aufzunehmenden Anleihe schwerlich vorher bestimmen, unter welchen Bedingungen diese contrahirt werden soll, da die Gläubiger dabei auch eine wichtige Stimme haben. Angenommen, die Anleihe könnte nur zu 4 pro Cent bewerkstelliget werden, so möchte freilich eine Rückzahlung rathsam erscheinen, wozu dann aber der, jetzt zur Tilgung der 3½ procentigen Staatsschuldscheine ausgesetzte Fond benutzt werden könnte, denn da sich, wie gezeigt worden ist, der größte Theil dieser Papiere schon in den Händen der Krone, der verschiedenen königlichen Cassen und der milden Stiftungen befindet, so ist nicht abzusehen, wozu eine weitere Tilgung nützen sollte, besonders da bei einer zweckmäßigen Leitung der Finanzen es nicht fehlen kann, daß der Zinsfuß von 3½ pro Cent bald wieder ein angenehmer werden wird.

So weit unsere Einsicht reicht, würden wir es für das zweckmäßigste halten, das Darlehn auf 3 procentige eiserne Rente zu eröffnen, welche zu dem Cours von 80 bis 84 pro Cent höchst wahrscheinlich anzubringen sein möchte. Es würde dann die nominale Schuld, um nach dem Cours von 84 pro Cent, 20,000,000 Thlr. zu erhalten, rund auf 23,809,000 Thlr. lauten. Die jährlichen Zinsen von dieser Summe à 3 pro Cent betragen 714,270 Thlr., die von 20,000,000 Thlrn, bei einer Anleihe à 4 pro Cent, 800,000 Thlr., mithin würde die Ersparung der Regierung an den jährlichen Zinsen 85,730 Thlr. betragen. Sollte dagegen die Rente nur zu 80 pro Cent anzubringen sein, so würden, um 20 Millionen zu bekommen, 25 Millionen ausgegeben werden müssen, von denen die Zinsen à 3 pro Cent 750,000 Thlr. ausmachen, mithin würden noch immer 50,000 Thlr. an den Zinsen gegen eine Anleihe von 20 Millionen zu 4 pro Cent gespart werden.

Folgende Gründe sprechen für eine Anleihe auf unkündbare Rente: der erste ist, daß es Zeiten geben kann, wo die Regierung ihre Verpflichtung zur Amortisation nicht zu erfüllen im Stande ist und es dann ihrem Credit schadet, und vielleicht in einem Augenblicke wo ihr Alles daran liegen muß diesen zu erhalten. Solche Rücksichten haben England und Frankreich bewogen ihre Anleihen in Stocks oder Renten zu contrahiren. Der andere ist: daß die Geldmänner am liebsten und leichtesten darauf eingehen, weil es ihnen die Aussicht zu einem höheren Capitals-Gewinn öffnet und ein freieres Börsen-Spiel zuläßt. Man könnte noch einen dritten hinzufügen, und zwar den, daß die Regierung, nachdem sie die Staatsschuld erst vor Kurzem auf $3\frac{1}{2}$ pro Cent reducirt hat, es zu vermeiden suchen wird, eine neue Anleihe zu 4 pro Cent aufzunehmen.

Abgesehen von dem großen Nutzen, welchen die Ausführung des mitgetheilten Plans für das Land haben würde, verspricht er auch der Regierung im Vergleich zu dem einer Zinsen-Garantie große pecuniaire Vortheile. Unter 4 pro Cent Garantie werden sich keine Unternehmer finden; die 35 Millionen aber, wenn 20 Millionen in England angeliehen und 15 Millionen Cassenscheine angefertigt würden, selbst wenn die Renten zu dem Cours von 80 pro Cent fortgegeben werden sollten, kosten nur 750,000 Thlr. jährliche Zinsen, mithin $2\frac{1}{7}$ pro Cent, die doch wohl jedenfalls durch das Eisenbahn-Geld gedeckt werden; sollte es aber nicht der Fall sein, so erspart die Regierung 650,000 Thlr. an jährlichen Zuschuß. Die Zinsen von 35 Millionen à 4 pro Cent betragen 1,400,000 Thaler, die der

Anleihe kosten 750,000 Thaler, mithin ist die Differenz: 650,000 Thaler.

Dies Alles ist so klar, daß kein Finanzier und kein Staatswirth und Niemand, der mit den Verhältnissen practisch bekannt ist, sich nicht für den Plan aussprechen sollte; aber, wird man sagen oder denken, wir wollen keine Zustimmung der Stände fordern. Fürchtet man eine abschlägliche Antwort? Unmöglich! Die Stände wollen den Wohlstand des Landes, aber nicht seinen Ruin. Nun fragen wir: ist die Zinsen-Garantie nicht auch eine Schuld? oder glaubt man, daß es im ganzen Lande Jemand gäbe, der dies nicht glaube? Wäre dies denn überhaupt die erste Schuld, die man gemacht hat, seitdem jene Zusicherung im Jahre 1820 ertheilt ist?

Alle diese Bedenken fallen mithin fort, und jedenfalls ist es der Regierung würdiger, offen als verdeckt zu handeln und besonders bei der gegenwärtigen Veranlassung, wo ihr einziger Bewegungsgrund nur die Pflicht und die Sorge für die Wohlfahrt des Landes ist. Indem wir jetzt diese Besprechung schließen, um den weiteren Faden unserer finanziellen Untersuchungen fortzusetzen, verhehlen wir es uns nicht, wie sehr man bei uns jede durchgreifende Maßregel scheut. Unsern Staatsmännern glauben gewisse Ansichten festhalten zu müssen, und an Gegnern wird es überhaupt nicht fehlen.

Was dem Ganzen frommt, verletzt oft die Sonderinteressen und diese haben bei dem bis jetzt verfolgten Wege ein freies Feld gewonnen, welches sie ungern aufgeben möchten. Es ist mithin kaum zu bezweifeln, daß diese sich erheben werden, um den Plan anzugreifen und die Verwaltung wieder irre zu führen, im Trüben fischt es sich immer am besten; dazu kömmt, daß oft die große Masse derer, die mit den gemachten Vorschlägen einverstanden sind, sich ruhig verhält, ihren Beifall in sich verschluckt, und wenn die Sonderinteressen sich mit großem Geschrei erheben, es zuweilen das Ansehen gewinnt, die öffentliche Meinung erhebe sich gegen die gemachten Vorschläge.

Inzwischen die Interessen, die wir hier bevorworten, haben schon in der Tagespresse viele Vertreter gefunden, und wir glauben daher, daß diese, besonders in einem so entscheidenden Augenblicke, das Gute, was sie in unsern Vorschlägen findet, unterstützen werde; es nicht zu thun, heißt die Sache aufgeben, oder sollte es, wie Manche annehmen, der Tagespresse an gediegenen Mitarbeitern für finanzielle Gegenstände fehlen?

In dem eben näher entwickelten Plane zur Beseitigung der jetzigen Geldcrisis und zur Wiederbelebung des Verkehrs und Ausführung der noch projectirten Eisenbahnstrecken, erblicken wir immer nur eine interimistische Maßregel, durch augenblickliche Verhältnisse geboten, die aber keinesweges die Regierung von einer gründlichen Reform in dem mangelhaften Organismus der Finanz-Verwaltung abhalten darf, und eben so wenig manche, im Interesse des Landes nöthige, Veränderung in einigen Steuern vorzunehmen oder den Administrations-Luxus zu beschränken.

Als zuächst erforderlich erscheint immer eine Vereinigung der jetzt vom Finanz-Ministerio getrennten Zweige desselben, sobald die

Umstände es gestatten. Weniger wesentlich möchte die Verbindung des Schatz-Ministerii mit dem Finanz-Ministerio sein. Der Staatsschatz ist als die Reserve für Nothfälle zu betrachten, es ist mit diesem keine eigentliche Verwaltung, die der Prägung der Münzen ausgenommen, verbunden, und die Disposition vom Monarchen sich speziell vorbehalten.

So nachtheilig es auch ist, bedeutende baare Summen dem Verkehr zu entziehen und diese zinslos niederzulegen, so bleibt es wenigstens bei der jetzigen Organisation unserer finanziellen Zustände und Geld-Institute, und da wir in der Finanz-Politik noch nicht so weit wie England und Frankreich vorgeschritten sind, ein nothwendiges Opfer, welches der Erhaltung der äußeren Sicherheit des Staats und der Möglichkeit einer schnellen Entwickelung seiner Militairmacht gebracht wird.

In Hinsicht der Domainen und Forsten, so scheint es wünschenswerth diejenigen Domainen, die zur Deckung des Kron-Fidei-Comisses bestimmt, aus welchem die Civilliste des Königs zu bestreiten ist, von den Staats-Domainen zu trennen und diese dann durch das Haus-Ministerium, aber nicht collegialisch verwalten zu lassen;*) während die verbleibenden Staats-Do-

*) Es unterliegt wohl keinem Bedenken, daß die Erträge der Domainen und Forsten sich mindestens 50 pro Cent höher benutzen lassen, als es gegenwärtig der Fall ist, und eben so wenig, daß eine auf Geld normirte Einnahme sich mit dem Sinken des Werthes des Geldes und dem steigenden Bedürfniß factisch vermindert. Mit der Verminderung des Werthes des Geldes steigen aber wieder die Einnahmen auf Grund und Boden; wenn daher die Civilliste auf letzteren fundirt ist, so wird sie den Chancen entgehen, welchen sie jetzt ausgesetzt ist.

mainen, welche dann größtentheils aus baaren Gefällen bestehen würden (die ihrer Ablöslichkeit wegen, nicht füglich zu den Kron-Domainen geschlagen werden könnten), nebst der Bergwerkspartie als eine Abtheilung des Finanz-Ministerii diesem untergeordet bleiben müßten.

Was die Sportel-Erhebung in den Gerichtshöfen betrifft, so würden diese jedenfalls aus so manchen, von vielen Seiten her, angeführten Gründen, nachdem die jetzige unglückliche Sporteltaxe mehr vereinfacht worden ist, dem Finanz-Ministerio zufallen müssen, und es steht zu erwarten, daß der neue Justiz-Minister die von seinem Vorgänger getroffenen Einleitungen benutzen wird, um die Justiz von einer ihr lästigen Verwaltung zu befreien und dem dringenden Verlangen des Publikums entgegen zu kommen.

Aus der Postverwaltung ferner ein besonderes Ministerium zu bilden, wird wohl in der Folge nicht als zweckmäßig erachtet werden können. Inzwischen scheint die Zeit gekommen zu sein, wo man den höheren Zweck der Post zu würdigen anfängt, und wo man endlich aufhören wird den Verkehr wie bisher zu beschatzen. Wäre dies der Fall und verzichtete man darauf, die Post als ein Regal zu betrachten, welches Geld aufbringen soll, so müßte diese Partie der Abtheilung für Handel und Gewerbe zugetheilt werden, welche letztere man bis jetzt dem Finanz-Ministerio sehr unpassender Weise und wahrscheinlich nur als Ersatz für die ihm entzogenen Partien zugeordnet hat.

Ganz unerläßlich bleibt es aber die Staatsschulden-Verwaltung und die Geld-Institute mit dem jetzigen sogenannten Finanz-Ministerio, sobald die Umstände es zulassen wollen, zu vereinigen, bis dahin aber die beiden Minister, welche dieser Partei vorstehen, zu veranlassen bei wichtigen Operationen sich über diese zu verständigen und hülfreich zu unterstützen.

Wenn es irgend einen Zweig der Verwaltung giebt, in welchem eine gewisse Centralisation im Bedürfniß liegt, so ist es in dem der Finanzen, wir berufen uns auf die früher angedeuteten Nachtheile, die aus Mangel an Uebereinstimmung in den Operationen entstanden sind und leider noch fortdauern. So leicht es geworden ist diese nachzuweisen, so schwierig möchte es werden, zu zeigen, wie viel Gutes unterblieben ist, weil die Leitung des Ganzen nicht in einer Hand ruhte. Unstreitig ist es, daß die Verwaltungen der einzelnen Partien sehr zweckmäßig und selbst musterhaft geführt werden, dies ist im Allgemeinen nur dankbar anzuerkennen und doch lassen die Gesammt-Resultate sehr viel zu wünschen übrig. Der mitgetheilte Bericht der Staatsschulden-Verwaltung und die Uebersicht des Staatshaushaltes beweisen dies vielfach, und wer gewohnt ist tiefer in die Verhältnisse einzudringen und die Zukunft ins Auge zu fassen, wird diesem beipflichten müssen. Man könnte anführen, da diese Staatsschriften keine wirkliche Uebersicht, weder des Activ- und Passiv-Zustandes der Finanzen, noch der wirklichen Einnahme geben, auch keine motivirten Ausgaben mittheilen, so wäre ein solches Urtheil ein voreiliges. Inzwischen die bedauerlichen Endresultate und die Facta, die wir angeführt haben, widerlegen diese Anführung und die Unvollständigkeit der Mittheilungen über den Staatshaushalt sprechen schon allein deutlich genug. Es wäre unrecht, wenn man annehmen wollte, der Grund liege in einer Abneigung der Behörden, eine vollständigere Mittheilung zu machen; er liegt in der Unmöglichkeit etwas zu geben, was man selbst nicht hat, und der Grund davon wieder in dem Mangel des Zusammenhanges der einzelnen Theile, in dem Mangel eines Systemes und einer höheren allgemeinen Leitung.

Diese eben bezeichneten Mängel finden sich aber nicht allein in der Finanz-Partie, sondern in dem gesammten Kreise der höheren Verwaltung, und in ihm liegt der Grund des Vielregierens, an welchem Preußen so krank ist, in ihm der Grund, daß die Zahl der Ministerial-Behörden und Beamten immer zunimmt und zu viel von den Kräften des Landes verzehrt. Wo ein festes System, wo die Einheit der Leitung und das Zusammenwirken fehlen, geht Alles auseinander und dann sind im Detail die Nachtheile, die daraus entstehen, nicht zu verbessern.

Dieser Zustand datirt sich von dem Zeitpunkte her, wo der Staats-Kanzler Hardenberg und der Premier-Minister Voß durch den Tod dem Lande entrissen wurden, hat seitdem immer zugenommen, und wird auch fortdauern, bis man sich davon überzeugt haben wird, daß ohne einen Premier-Minister oder Staats-Kanzler keine Einheit, keine Uebersicht in einer so riesenhaften Verwaltung, wie die unsrige, möglich ist, und daß, wenn man auch Tabellen, so groß wie der ganze preußische Staat, anfertigen wollte, es doch an der Uebersicht fehlen würde.

Um auf die finanziellen Zustände zurückzukommen, so scheint

es außer den vorgeschlagenen interimistischen Maßregeln zur Erhaltung des Staats-Credits und Abwendung einer dem Lande verderblichen Geld-Crisis, so wie der Wiedervereinigung der verschiedenen Finanz-Partien in ein Ganzes, vor Allem nöthig, alle Jahre ein vollständiges Budjet anzufertigen und dieses den Ständen vorzulegen, um davon Kenntniß zu nehmen und es zu begutachten.*)

Wir gehen von der Ueberzeugung aus, daß, gleichviel, ob aus verfassungsmäßigen oder moralischen Gründen, die Verpflichtung bestehe, dem Volke eine vollständige Uebersicht der Höhe der gezahlten Abgaben und ihrer Verwendung vorzulegen; in Preußen ist dies überdem durch den früher allegirten §. 5. der Verordnung vom 17. Januar 1820 zugesichert. Inzwischen kann es nicht zweckmäßig erscheinen, dies durch öffentliche Publikation, wie jene Verordnung es will, zu thun. Geschieht es, so ist nicht zu verhindern, daß sich die öffentliche Meinung schriftlich und mündlich darüber aussprechen sollte, und je offener die Mittheilungen sind, je mehr wahren und falschen Angriffen setzt sich die Verwaltung aus. Dazu kömmt, daß der Hauptnutzen einer solchen Maßregel nur erreicht werden kann, wenn die Verwaltung die Etats sehr sorgfältig zu prüfen gezwungen wird, ehe sie sie dem Monarchen vorlegt, um, wenn die Stände demnächst begründete Monita dagegen erheben sollten, seine Gnade nicht zu verscherzen; der Monarch selbst

*) Der Finanzminister Flottwell ist ein so freisinniger und aufgeklärter Staatsmann, um von seiner Seite her einen Widerstand besorgen zu lassen.

gewinnt zugleich eine Controlle, die demselben jetzt wohl größtentheils fehlt, da es ihm schlechterdings unmöglich ist, speziell in die Details einzugehen und jede Gelegenheit fehlt, eine andere Ansicht als die der eigenen Beamten zu bekommen.*)

Daß den Ständen aber die Controlle des Staatshaushaltes, sollen sie irgend eine Bedeutung haben und auf einem historischen Boden fußen, zugetheilt werden müsse, darüber kann wohl kaum ein Bedenken obwalten, und eben so wenig darüber, daß die Regierung dabei besonders betheiligt sei, die Stände regelmäßig mit wichtigen, materiellen Gegenständen zu beschäftigen, und ihnen die Gelegenheit zu verschaffen, dem Staate und ihren Committenten nützlich zu werden. Inzwischen setzt die Ausführung allgemeine Stände voraus, welche auch schon durch die Ausschüsse in Aussicht gestellt worden sind. Ganz entschieden würde es am zweckmäßigsten sein, wie wir dies schon an einem andern Ort nachgewiesen haben, diese nach Beendigung der Landtage zusammen zu berufen, um sie theils gutachtlich über die Anträge der einzelnen Provinzen zu vernehmen, andern Theils aber ihnen den Staatshaushalt zur Begutachtung vorzulegen. So zweckmäßig dies im Allgemeinen ist, so ganz

*) Ob unsere Stände übrigens schon dazu vorgebildet sind, eine solche Controlle zu führen, dagegen möchten wir bescheidene Zweifel hegen. Alle Landtage haben bis jetzt bewiesen, wie wenig Interesse sie diesem Gegenstande zollen, und doch greift Nichts so tief in die materiellen Verhältnisse des Volks ein, als die Finanzen. Freilich die Phantasie, die eine so große Rolle spielt, findet das Studium der Finanzen etwas langweilig, und überhaupt möchten wir unseren Mitständen rathen, sich dem Materiellen mehr zuzuwenden, als bisher geschehen ist. Das Feld ist groß!

besonders wichtig würde eine solche Zusammenberufung nach dem nächsten Landtage sein, um den jetzt bestehenden Verhältnissen ein Ende zu machen, durch welche die Regierung sich selbst die Hände gebunden hat, Darlehne aufzunehmen, eine Befugniß, die jedem dispositionsfähigen Privatmanne zusteht.

Wenn wir nun am Schlusse dieser Besprechung über die preußischen Finanzen einen Blick auf diese werfen, so ergiebt sich im Allgemeinen ein sehr zufriedenstellender Stand derselben, aber nicht herbeigeführt durch die Tilgung der Schulden, sondern durch die Zunahme des National-Reichthums, augenblicklich bedroht durch eine künstlich herbeigeführte Geldcrisis, die leicht mit Schwächung und Vernichtung des allgemeinen Wohlstandes enden kann. Im Besonderen dagegen, daß durch unzweckmäßige Operationen der Staatscredit und der der Grundbesitzer in Gefahr stehen und einer schnellen Aufhülfe bedürfen.

Im Allgemeinen wieder, daß die Regierung unstreitig in so mancher Beziehung sehr viel gethan, um den Wohlstand zu heben, und diesem Zwecke große pecuniaire Opfer gebracht hat, namentlich zum Bau von Kunststraßen u. s. w. Daß dagegen wieder so Manches unterlassen ist, was längst hätte geschehen müssen, dahin rechnen wir die Nicht-Anfertigung eines vollständigen Budjets, die Beibehaltung mancher Steuern, welche sich als dem Verkehr hemmend, der Moralität verderblich beweisen, und endlich die geringe Aufmerksamkeit, die dem regelmäßigen Umlauf des Geldes bewiesen wird.

Das Geld ist dem Gesammt-Verkehr, was das Blut dem

animalischen Körper ist. Beide bedürfen des regelmäßigen Umlaufes derselben zum Leben. Kein großartiger Verkehr ist denkbar, wenn die Mittel, ihn zu beleben, fehlen; daher hätte längst für Privat-Banken im Lande gesorgt werden sollen. Die königlichen Banken, deren Verdienste wir nicht verkleinern wollen, sind durch ihr Verhältniß zum Staate außer Stande, allen Anforderungen zu genügen, und oft gezwungen, in demselben Augenblick ihre Geschäfte zu beschränken, wo das Publikum ihrer Hülfe am wesentlichsten bedarf. Bank-Associationen haben den doppelten Nutzen, daß sie die überflüssigen Capitalien aufnehmen, den Handel in den glücklichen Zeiten beleben und bei bedenklichen Crisen den Credit erhalten.

So lange die Regierung nicht die Errichtung von Privat-Bank-Associationen gestattet, werden der Handel und die Industrie nie einen bedeutenden Flor erreichen können, denn beide bedürfen jederzeit eines gesicherten Credits und eines festen Zinsfußes, wenn sie ihre Geschäfte in einer gewissen Ausdehnung mit Sicherheit betreiben sollen. Die Erfahrung, namentlich von England, bestätigt diese Behauptung, allein sie wird am sprechendsten dadurch bekräftigt, wenn man den Satz anerkennt, daß der Wohlstand des Landes, der doch nur die Folge eines regen lohnenden Verkehrs ist, die beste Unterlage für die Finanzen der Regierung sei. Daher überzeuge man sich endlich von der Wahrheit, daß nicht durch etwanige Schuldentilgung, sondern durch den wachsenden Reichthum der Nation die Finanzen sich verbessern. Von jedem Erwerb des Ackerbaues, des Handels und der Fabriken bekommt der Staat seinen Antheil, daher suche man diese auch durch die Leichtigkeit des Credits zu fördern, die allgemein günstigen Folgen werden nicht ausbleiben und die speziellen für die Regierung bestehen darin, daß ihre Einnahme zunimmt. Die pommersche ritterschaftliche Bank liefert den Beweis dafür, denn seit ihrem Entstehen ist der Ertrag der indirecten Steuern um nahe an $1\frac{1}{3}$ Millionen gestiegen, und die dort ebenfalls bestehende königliche Bank treibt auf demselben Platze ihre Geschäfte, die, sind wir gut unterrichtet, nicht absondern bedeutend zugenommen haben.

B. C.

A.

Bericht

der

Haupt-Verwaltung der Staats-Schulden über ihre Geschäftsführung seit dem 1. Januar 1833 bis Ende Dezember 1842.

Die Haupt-Verwaltung der Staats-Schulden hat über ihre Wirksamkeit vom 1. Januar 1833 bis Ende Dezember 1842 nachstehenden Geschäfts-Bericht unterm 9. November c. an Se. Majestät den König erstattet, und Allerhöchstdieselben haben mittelst Kabinets-Ordre vom 15. Dezember d. J. zu erlauben geruht, daß ich solchen, wie dies in Bezug auf die Geschäftsführung vom Jahre 1820 bis incl. 1832 geschehen ist, ebenfalls zur öffentlichen Kenntniß bringen darf.

Berlin, den 30. Dezember 1843.

Der Geheime Staats-Minister und Präsident der Haupt-Verwaltung der Staats-Schulden.

Rother.

Mit dem Jahre 1842 ging der dritte der im Artikel V. der Allerhöchsten Verordnung vom 17. Januar 1820 festgesetzten Zeit-Abschnitte zu Ende, mit deren Ablaufe jedesmal eine neue Feststellung des Bedarfs der Staats-Schulden-Verwaltung für die beginnende neue Periode, nach Maßgabe der fortgeschrittenen Kapitals-Tilgung, erfolgen soll.

Ew. Königlichen Majestät verfehlen wir nicht, bei diesem Anlasse von unserem Verfahren in der weiteren Ausführung der uns durch jene gesetzliche Bestimmung zur Norm gegebenen Vorschriften die pflichtschuldige Rechenschaft abzulegen.

Wir erlauben uns, unseren alleruntertänigsten Vortrag an den ehrfurchtsvollen Bericht anzuschließen, in welchem wir unterm

1. Juni 1833 die Gesammt-Resultate unserer Verwaltung während des vorhergegangenen Zeit-Abschnitts darzustellen versucht haben.

Was zuerst

den Bestand der Staatsschuld und zwar der verzinslichen beim Beginn des jetzt abgelaufenen Tilgungs-Dezenniums anbelangt; so waren damals von den in Gemäßheit des Finanz-Gesetzes vom 27. Oktober 1810 zur Konsolidirung und Verbriefung durch Staatsschuldscheine bestimmten älteren Schulden-Gattungen nur noch einzelne Reste im Gesammtbetrage von

551,550 Rthlr.

durch Staatsschuldscheine zu verbriefen.*) Es sind diese unter den im Verzinsungs- und Tilgungs-Etat der Staatsschuld pro 1833 sub I. B. litt. d. aufgeführten 114,970,625 Rthlr. begriffen.

Um nicht die in so vielen Beziehungen erwünschte Beendigung des Konsolidirungs-Geschäfts und den Schluß des Ausfertigungs-Büreau's bei der Kontrole der Staatspapiere ins Ungewisse hinaus zu verschieben, erschien es uns zweckmäßig, jene Verbriefungen sofort auszufertigen und sie auf das bei unserem Deposital-Fonds angelegte, für liquide und nur wegen Legitimations-Mängel nicht definitiv zu erledigende Gegenstände bestimmte, Konto des Reserve-Fonds der allgemeinen Staatsschuld zu überweisen; bei welchem sie nun bis dahin, wo die Eigenthümer sich zum Empfange gehörig legitimiren, für deren Rechnung verwaltet werden.

Wir konnten nunmehr die beim Schlusse des Jahres 1832 noch offenen beiden letzten Umschreibungs-Rechnungen der Kontrole der Staatspapiere — die 20ste und die 21ste — und zwar die letztere als Schluß-Rechnung des ganzen Konsolidirungs-Werkes definitiv abschließen,**) und nachdem auch diese beiden Rechnungen von der Ober-Rechnungskammer ohne alle Ausstellungen für richtig erklärt worden waren, sahen wir uns endlich im Stande, das Rechnungslegungs-Büreau, welches für dieses mit dem laufenden Geschäft der Kontrole der Staatspapiere nicht vereinbare Rechnungswesen errichtet war, aufzuheben. Wir haben jedoch das uns gesteckte Ziel der Konsolidirung der einzelnen Staatsschuld-Positionen, zum Zwecke der Vereinfachung der Verwaltung, so weit es nur

*) Man vergleiche S. 14 des gedruckten Berichts vom 1. Juni 1833.

**) Vergleiche S. 20 des Berichts vom 1. Juni 1833.

immer zulässig war, auch ferner verfolgt. Zwei Schulden-Titel waren es vornehmlich, welche noch die Verwaltung erschwerten, nämlich: die Obligationen der ehemaligen kurmärkischen Landschaft und die auf Ew. Königlichen Majestät Domainen haftenden Pfandbriefe.

Die kurmärkischen landschaftlichen Obligationen lauteten nämlich auf die Namen der Darleiher, zum größten Theil auf Gold und ältere schwerere Währungsmittel; ihre Zinsen konnten wegen Ungleichheit der Beträge und wegen der häufig vorkommenden Kapital-Abzweigungen nicht durch Coupons verbrieft werden; und Uebergänge aus einer Hand in die andere machten oft sehr weitläufige Legitimations-Verhandlungen nothwendig. Die Domainen-Pfandbriefe aber traten jeder, auch der geringfügigsten Disposition über die Substanz der Domainen, besonders bei der Regulirung der gutsherrlichen und bäuerlichen Verhältnisse, bei Gefälle-Ablösungen rc. hindernd entgegen, indem dadurch neue kostbare Tax-Aufnahmen erforderlich wurden. Von einem großen Theile derselben mußte auch außer den Zinsen zu Vier Prozent noch ein sogenannter Quittungsgroschen von ⅛ bis ¼ Prozent des Kapitals jährlich zur Landschafts-Kasse entrichtet werden.

Beide Gattungen von Schuld-Verschreibungen haben wir, zur Beseitigung dieser Uebelstände, unter Allerhöchster Zustimmung und

		Rthl.	Sgr.	Pf.
zwar die erstere, welche in		1,040,688	6	11
bestand und durch Zurechnung eines Agio's von den in höheren Valuten dargeliehenen Beträgen um		129,959	18	6
auf ihren vollen Nennwerth		1,170,647	25	5
ergänzt werden mußte, im Jahre 1836, die letztere mit ihrem Rückstande unter der allgemeinen Staatsschuld	821,165 Rthlr.			
und unter den provinziellen .	121,790 „			
		942,955	—	—
im Jahre 1842 zusammen mit		2,113,602	25	5
gekündigt, eingezogen und durch Staats-Schuldscheine über		2,113,550	—	—
neu verbrieft, mit		30	—	—
aber beim Depositum des Reserve-Fonds der all-				

gemeinen Staatsschuld verrechnet und auf solche Weise außerordentlich getilgt. Einen in Staats-Schuldschein-Apoints nicht darstellbaren Ueberschuß mußten wir dem Reserve-Quantum der provinziellen Staatsschuld mit 22 25 5
zuschlagen.

Durch den Agio-Zuschlag bei den kurmärkischen landschaftlichen Obligationen im Betrage von Rthlr. Sgr. Pf.
129,959 18 6
hat das nach unserem alleruntertänigsten Bericht vom 1. Juli 1833 aus gleicher Veranlassung bereits auf . . . . 206,603,211 10 —
erhöhete Gesammt-Kapital der verzinslichen Staatsschuld*) eine neue Berichtigung in seiner nominellen Höhe erfahren, indem dasselbe dadurch auf 206,733,170 28 6
festgestellt worden ist.

Auch von den Verschreibungen der kurmärkischen Stände über ihre Kriegsschulden aus den Jahren 1807—1808 lautete ein Theil auf Gold.

Wir haben dieselben aber durchgängig dadurch auf Silbergeld reduzirt, daß wir den Inhabern das Agio aus dem besonderen, der Provinz und der Staatsschulden-Tilgungskasse gemeinschaftlich zugehörigen Fonds für die Abwickelung der nicht durch Obligationen verbrieften Forderungen an die Kurmark herauszahlen ließen. Demnach werden unsere Rechnungen jetzt nur noch in Silberwährung geführt.

Von der nunmehr auf 206,733,170 Rthlr. 28 Sgr. 6 Pf. ergänzten Summe der verzinslichen Staatsschuld waren in den ersten beiden Tilgungs-Perioden bis zu Ende des Jahres 1832

42,774,787 Rthlr. 29 Sgr. 6 Pf. durch die Mittel des gesetzlichen Tilgungs-Fonds und
161,940 „ — „ — „ auf außerordentlichem Wege abgetragen,
40,000 „ — „ — „ aber als eine Rente auf den General-Staatskassen-Etat

*) Vergleiche S. 23 des Berichts vom 1. Juni 1833.

übernommen, also im Ganzen 42,976,727 Rthlr. 29 Sgr. 6 Pf. abgegangen *) und hiernach am 1. Januar 1833, an

	Rthlr.	Sgr.	Pf.
Anleihen im Auslande	25,277,144	19	3
Kurmärkischen landschaftlichen Obligationen, mit Einschluß ihrer Agio-Erhöhung	1,307,143	17	11
Kurmärkischen Kriegsschulden	2,785,970	—	—
Neumärkischen Kriegsschulden	515,118	—	—
Staats-Schuldscheinen	114,970,625	—	—
Domainen-Pfandbriefen	1,077,725	—	—
Provinziellen Staatsschulden	17,822,716	21	10
zusammen . .	163,756,442	29	—

zu verzinsen (einschließlich einer Rente von 22,588 Rthlr. 28 Sgr. 6 Pf.**), mit welcher die Staatsschulden-Tilgungskasse die ehemals accisepflichtigen Städte der Kur- und Neumark bei ihren Kriegsschulden-Beiträgen vertreten muß) aus der

	Rthlr.	Sgr.	Pf.
Staatsschulden-Tilgungskasse mit	5,873,112	29	—
und aus den Regierungs-Hauptkassen mit . .	552,416	6	6
	6,425,529	5	6
und zu tilgen mit	2,739,989	13	5
Dazu traten die Kosten der unverzinslichen Staatsschuld, Extraordinaria, Verwaltungskosten rc.	152,969	28	10
so daß der ganze Bedarf unserer Verwaltung mit	9,318,488	17	9

jährlich zu dotiren war.

Diese etatsmäßige Dotation würde, wenn sie die ganze jetzt abgelaufene Periode hindurch unverändert hätte gewährt werden müssen, einen Gesammt-Aufwand von 93,184,885 Rthlr. 27 Sgr. 6 Pf. erfordert haben. Es sind aber theils durch gänzliche Beseitigung einiger Schulden-Titel, wie: der Anleihe in Frankfurt a. M. vom Jahre 1817, der in London vom Jahre 1818, der kurmärkschen landschaftlichen Obligationen und der Domainen-Pfandbriefe, theils durch die außerordentliche Abtragung einzelner Kapitalien, theils durch Zins-Reduktion, nämlich der kur- und neumärkschen Kriegsschuld-Verschreibungen, der Domainen-Pfandbriefe und der

*) Vergleiche S. 23 des Berichts vom 1. Juni 1833.
**) Vergleiche S. 31 des Berichts vom 1. Juni 1833.

provinziellen Staatsschulden, theils auch durch andere Berichtigungen, Ermäßigungen in den Etats der Staatsschulden-Tilgungs-Kasse herbeigeführt worden, welche überhaupt 5,631,037 Rthlr. 1 Sgr. 7 Pf. betragen. Der etatsmäßige Gesammt-Bedarf der Staatsschulden-Verwaltung während des Dezenniums $18\frac{23}{32}$ hat sich dadurch bis auf 87,553,848 Rthlr. 25 Sgr. 11 Pf. vermindert. Zur Bestreitung desselben wurden uns gewährt: aus den

				Rthlr.	Sgr.	Pf.
Domainen-Revenüen				57,695,006	21	2
Domainen Veräußerungs-Ablösungs- rc. Geldern				14,792,072	9	1
Salz-Debits-Ueberschüssen				6,174,461	18	11
Regierungs-Hauptkassen-Beiträge zur Tilgung der provinziellen Staats-Schulden				4,004,396	4	7
Es kamen ferner auf:						
an Extraordinarien — größtentheils indessen nur durchlaufende Posten —				274,566	12	5
Die Regierungs-Hauptkassen leisteten an Zinsen von den provinziellen Staats-Schulden . .				4,636,950	—	9
An Rechnungs-Bestand war am Schlusse des Jahres 1832 verblieben				719,921	24	3
Dies gab eine Einnahme von				88,297,375	1	2
Es wurden davon zu folgenden						
Ausgaben						
verwendet: zur						
Zinsenzahlung . . .	58,670,298.	4.	11.			
und						
Kapitals-Tilgung . .	26,877,772.	12.	10.			
zu Renten, zu Kosten der unverzinslichen Staats-Schuld, an Resten aus früheren Jahren, Verwaltungs-Kosten und Extraordinarien	2,253,130.	1.	5.			
im Ganzen . . .				87,801,200	19	2
und es verblieb ein Bestand von				496,174	12	—
welcher zur Deckung von ihm gegenüber stehengebliebenen Ausgabe-Rückständen				407,062	13	9

mehr als ausreichend sein wird.

Der Einnahme-Rückstände haben wir nicht zu erwähnen, da diese an die General-Staatskasse abgeführt werden, nachdem uns von derselben die etatsmäßige Kompetenz, einer Uebereinkunft zufolge, vollständig gewährt worden ist. Ausgenommen hiervon ist jedoch ein Rückstand an Domainen-Veräußerungs-Geldern von

	285,528 Rthlr.	20 Sgr.	5 Pf.	Kapital
und	5,543 „	26 „	5 „	Zinsen,
zusammen . .	291,072 Rthlr.	16 Sgr.	10 Pf.,	welcher

einen Theil der laufenden Einnahme für das Jahr 1843 ausmachen wird.

Rücksichtlich der Einnahmen haben wir hierbei zu bemerken, daß die auf Domainen- und Forst-Veräußerungs- und Ablösungsgelder geschehenen Einzahlungen den Acquirenten und Reluenten, nach dem Artikel VII. der Verordnung vom 17. Januar 1820, bei Berichtigung des Besitztitels über ihre Erwerbungen nur dann als gültige Leistungen angerechnet werden sollen, wenn die von den Regierungs-Hauptkassen darüber ausgestellten Quittungen mit unserer Beglaubigung versehen sind. Die Brutto-Einnahme an Erlös aus der Substanz der Domainen betrug während des letzten Tilgungs-Dezenniums 14,973,579 Rthlr. 2 Sgr. 7 Pf.

Es haben davon aber, theils wegen rückgängig gewordener Veräußerungen, theils wegen Ueberzahlungen ꝛc. . . . . zurückerstattet werden müssen.	181,506 „	23 „	6 „

Ueber die demnach verbliebene reine Einnahme von 14,792,072 Rthlr. 9 Sgr. 1 Pf. sind die Quittungen, bis auf einen unbedeutenden noch in der Bearbeitung begriffenen Rückstand, mit der gesetzlichen Legalisation versehen worden, und ist dadurch jener Allerhöchsten Bestimmung genügt.

Die Tilgungs-Fonds besaßen, außer den oben erwähnten

	26,877,772 Rthlr.	12 Sgr.	10 Pf.
die aus dem Jahre 1832 übertragenen Bestände von. . . .	5,910 „	5 „	2 „
und also überhaupt eine Summe von	26,883,682 Rthlr.	18 Sgr.	— Pf.

Nach den einzelnen Tilgungs-Rechnungen sind hiervon:

Rthlr.	Sgr.	Pf.	
26,762,945	26	1	zur Erwerbung von Kapital-Dokumenten über 28,278,464 Rthlr. 29 Sgr. 10 Pf. verwendet,
35,297	24	8	waren für daran haftende Stück-Zinsen zu bezahlen,
1,482	12	6	gingen durch Deckung der bei einigen Tilgungs-Rechnungen am Jahres-Schlusse 1832 entstandenen Vorschüsse auf, und
83,956	14	9	blieben, weil sie erst nach dem Rechnungs-Schlusse disponibel wurden (was größtentheils bei den provinziellen Staats-Schulden der Fall war) im Bestande und gehen dem nächsten Jahre zu Gute.

Hinsichtlich der erworbenen Kapital-Dokumente erlauben wir uns, Folgendes zur Erläuterung ehrfurchtsvoll hinzuzufügen.

Der mit dem Handlungshause N. M. von Rothschild zu London am 25. Februar 1830 geschlossene Anleihe-Vertrag bestimmt, daß in dem Zeitraum vom 1. Oktober 1836 bis dahin 1845 eine Einlösung von Obligationen aus dieser Anleihe nur in dem Falle geschehen dürfe, wenn diese Dokumente zu oder unter Pari zu erlangen sind, und daß im entgegengesetzten Falle die Mittel des Tilgungs-Fonds bis zum Ablaufe dieses Zeitraums asservirt werden sollen. Frühere mit Hülfe unseres Betriebs-Fonds bewirkte Ankäufe gewährten uns anfänglich die Mittel, mit der Tilgung dieser Schuld fortzufahren, ohne jene Bedingungen zu verletzen; allein vom Jahre 1840 ab war dies nicht mehr möglich. Um jedoch die dadurch anwachsenden Bestände des Tilgungs-Fonds nicht unbenutzt liegen zu lassen, fanden wir es zweckmäßig, dieselben einstweilen zum Ankaufe von Effekten verschiedener Gattungen zu benutzen, welche beim Eintritte der Kündigungs-Befugniß wieder versilbert und mit ihrem baaren Betrage zur Tilgung verwendet werden können. In Folge dessen besaß der Tilgungs-Fonds beim Schlusse des Jahres 1842 einen Effekten-Vorrath von 993,225 Rthlr., welcher in der obigen Summe der eingezogenen Kapitalien zwar mit enthalten ist, für jetzt aber vom Staats-Schulden-Etat noch nicht abgesetzt werden darf, weil eine wirkliche Tilgung desselben noch keinesweges erfolgt ist.

Unter der Gesammt-Acquisition der Tilgungs-Fonds sind ferner auch die Danziger Freistaats-Obligationen begriffen. An Schuld-Dokumenten dieser letzteren Art sind (außer 696,612 Rthlr. 2 Sgr. 7 Pf., welche für die Beiträge der Stadt Danzig und ihres Gebiets gegen baare 302,107 Rthlr. 6 Sgr. 6 Pf. eingezogen worden) als Antheil des Staats 2,651,154 Rthlr. 15 Sgr. 2 Pf. für baar 1,150,000 Rthlr. eingelöst worden.

Da diese Obligationen, nachdem ihr Nennwerth durch die Verordnung vom 24. April 1824 auf ein Drittel reduzirt worden, einen neuen jährlich um 1⅓ pCt. steigenden Nennwerth erhalten haben, mit einem diesem wachsenden Verhältnisse entsprechenden festen Betrage in den Staatsschuld-Etat nicht haben aufgenommen werden können, sondern in demselben nur durch ein zu ihrer endlichen Beseitigung für muthmaßlich hinreichend arbitrirtes Aversum von 2,300,000 Rthlr. vertreten werden, so können auch die eingelösten Obligationen weder mit ihrem ursprünglichen, noch mit ihrem neuen steigenden Nominal-Betrage vom Etat abgesetzt werden, und darf die Ermäßigung der Staatsschuld für diesen Theil sich nur auf die von dem erwähnten Aversum als Tilgungs-Prozent ausgebrachten 23,000 Rthlr. jährlich, mithin für die ganze Periode auf 230,000 Rthlr. beschränken.

Unter diesen besonderen Umständen ist das Staatsschuld-Kapital — nach Hinzurechnung von außerordentlich getilgten Domainen-Pfandbriefen 31,270 Rthlr. — für jetzt nur um eine Summe von

	Rthlr.	Sgr.	Pf.
	24,895,355	14	8
und mit Zurechnung der in den vorhergegangenen beiden Tilgungs-Perioden schon abgetragenen	42,976,727	29	6*)
überhaupt um . .	67,872,083	14	2
vermindert, so daß von der Totalsumme der zinslichen auf	206,733,170	28	6
ergänzten Kapitalschuld noch	138,861,087	14	4

etatsmäßig verbleiben.

Erscheint hiernach die Wirksamkeit der Tilgungs-Fonds während des abgelaufenen Dezenniums weniger bedeutend, als in der vorhergehenden Periode, so bedarf dies wohl keiner besonderen

*) Vergleiche S. 23 des Berichts vom 1. Juni 1833.

Rechtfertigung. Dieselbe liegt zum Theil in der durch die Zins-Reduktion auch für die Tilgungs-Fonds entstandenen Zinsenverminderung und in dem Wegfalle der Tilgungs-Kontingente mehrerer gänzlich beseitigter Schulden-Titel, hauptsächlich aber in dem Steigen aller Effekten-Course, besonders der Staats-Schuldscheine. Im Jahre 1821 auf 66½ pCt. herabgegangen, konnte dieses Papier viele Jahre hindurch sich nicht auf 90 pCt. behaupten — es ging vielmehr am 10. Dezember 1830 sogar wieder auf 82 pCt. zurück. Aber schon im Dezember 1834 erreichte dasselbe sein Pari und ging von da ab in regelmäßiger Steigerung bis zu 105 pCt. (Ende Februar 1842); selbst nachdem dessen Herabsetzung auf 3½ pCt. Zinsen ausgesprochen und durchgeführt war, blieb sein Stand noch nahe an 104 pCt.

Schon im Jahre 1835 waren wir daher genöthigt, die zum Tilgungs-Fonds einzuziehenden Staats-Schuldscheine durch Ausloosung zu bestimmen und durch baare Auszahlung ihres vollen Nennwerthes einzulösen.

Verglichen mit dem zur Erwerbung der getilgten Kapitalien erforderlich gewesenen Aufwande zeigt sich jedoch, daß die Tilgung im Durchschnitt immer noch unter dem Nominalwerthe hat geschehen können. Denn wenn einerseits die zum Ankaufe Danziger Obligationen verwendeten 1,150,000 Rthlr. von der Ausgabe des Tilgungs-Fonds — wie andererseits die außerordentlich eingelösten 31,270 Rthl. und die Dotations-Quote der Danziger Schuld mit 230,000 Rthlr. von dem als getilgt veranschlagten Kapitale abgesetzt und dem letzteren dagegen die Aktiva des Tilgungs-Fonds der englischen Anleihe mit 993,225 Rthlr. zugestoßen werden, so sind 25,627,310 Rthlr. 14 Sgr. 8 Pf. Kapital durch 25,612,945 Rthlr. 26 Sgr. 1 Pf. erworben worden, wobei nicht außer Acht bleiben darf, daß unter den Ankaufspreisen auch die Mäkler-Courtage, Agio von Gold und anderen schwereren Währungsmitteln, so wie die Uebermachungs-Kosten und alle sonst noch vorkommende Spesen, mitbegriffen sind.

Der Allerhöchsten Bestimmung vom 25. Juli 1822 zufolge, sollen die vermöge der Mittel der Tilgungs-Fonds eingelösten Staats-schuld-Dokumente jedes Jahr nach dem Schlusse der Rechnungen bei dem Kammergerichte verwahrlich niedergelegt und nach der Allerhöchsten Kabinetsordre vom 10. November 1823 die in solcher

Weise dort aufgesammelten Deposita von fünf zu fünf Jahren, von der zur Vernichtung der hierzu bestimmten Staats-Papiere angeordneten Immediat-Kommission, im Beisein einer Deputation des Kammergerichts, des hiesigen Magistrats und einer solchen aus unserer Mitte, durch Feuer vernichtet werden.

		Rthlr.	Sgr.	Pf.
Unter den in der Periode 1820—32 mit		42,976,727	29	6
1833—42 mit		24,895,355	14	8
vom Etat abgegangenen		67,872,083	14	2
sind einerseits mit aufgerechnet:				
a. Königsberger Provinzial-Kriegsschulden-Obligationen	419,216. 4. 11.			
b. Danziger Freistaats-Quote	483,000. —. —.			
Da die eingelösten Dokumente dieser Schuld-Kategorieen von den Magisträten der beiden Städte vernichtet worden, so sind dieselben hier abzusetzen.				
c. Die auf außerordentlichem Wege abgetragenen	233,210. —. —.			
deren Vernichtung auf die sonst gewöhnliche Weise erfolgt.				
d. Von den Gläubigern zur Realisirung noch nicht präsentirte Obligationen ..	100,363. 21. 5.			
Es gingen demnach ab		1,235,789	26	4
und verblieben als zu deponirende Summe ..		66,636,293	17	10

Andererseits haben dagegen auch Dokumente niedergelegt werden müssen, welche nicht von der Staatsschuld nach dem Etat vom 17. Januar 1820 abgegangen waren.

So:

die schon in den Jahren 1818 und 1819 getilgten Staats-Schuldscheine	3,071,495 Rthlr.
die von der Kurmark ...	1,747,367 „

		Rthlr.	Sgr.	Pf.
die von der Neumark . . .	493,133 Rthlr.			
von ihren Kriegsschulden abgetragenen Antheile, und außerdem holländische Obligationen aus der Anleihe vom Jahre 1809, welche gegen Domainen-Pfandbriefe eingetauscht worden ꝛc. . .	701,000 „			
zusammen .		6,012,995	—	—
Deponirt wurden also		72,649,288	17	10
Davon wurden durch Feuer vernichtet	58,228,303. 2. 7.			
zu den Akten genommen: ein die Stelle einer Obligation vertretendes Mortifikations-Erkenntniß über .	420. —. —.			
		58,228,723	2	7
und im Depositorium des Kammergerichts befinden sich noch		14,420,565	15	3

Da mit dem Beginn jedes neuen Tilgungs-Dezenniums von den bis dahin getilgten Kapitalien den Tilgungs-Fonds die Zinsen nicht weiter zuwachsen, sondern gänzlich wegfallen sollen, so erleidet der Bedarf der Staatsschulden-Tilgungskasse vom 1. Januar 1843 ab eine neue Ermäßigung. Diese stellt sich um so beträchtlicher heraus, als dazu, außer den bereits erwähnten Umschreibungen und Zinsen-Reduktionen der kurmärkschen landschaftlichen Obligationen, der Domainen-Pfandbriefe und einiger Klassen provinzieller Staats-Schulden, auch die im Jahre 1839 bewirkte Reduzirung der kur- und neumärkschen Provinzial-Kriegsschulden und deren Umschreibung in neue, zu 3½ Prozent verzinsliche Schuld-Verschreibungen mitgewirkt und als Ew. Königl. Majestät am 27. März 1842 noch die Konvertirung der gesammten konsolidirten Staats-Schuld — der Staats-Schuldscheine — im Gesammt-Betrage von 98,982,900 Rthlr. ebenfalls auf 3½ pCt. Zinsen zu genehmigen geruhet haben.

Ueber die Ausführung und die Resultate dieser Maßregel haben wir unter dem 15. Mai d. J. Ew. Königl. Majestät einen detaillirten Schluß=Bericht erstattet, und erlauben wir uns ehrfurchtsvoll, aus diesem nur Folgendes hier hervorzuheben.

Die oben gedachte Summe hatte sich durch die inzwischen fortgeschrittene Tilgung definitiv auf einen Kapital=Betrag von

98,973,350 Rthlr.

in 402,617 Staats=Schuldscheinen vermindert, und es wurden diese letzteren von uns zum Zweck der Herabsetzung des Zinsfußes von 4 auf 3½ pCt. am 10. April 1842 gekündigt. Hiervon sind

a) zur Konvertirung eingereicht	396,965	Stück über	98,383,175	Rthlr.
b) zur baaren Rückzahlung gelangt	60	„ „	6,825	„
c) gar nicht vorgelegt, also stillschweigend der Konvertirung unterworfen .	5,592	„ „	583,350	„
Summa wie oben	402,617	Stück über	98,973,350	Rthlr.

Für die zur Konvertirung eingereichten Staats=Schuldscheine wurden an Prämien gezahlt:

à 2 pCt. von	97,509,825 Rthlr. . . .	1,950,196	Rthlr.	15 Sgr.
à 1½ „ „	635,700 „ . . .	9,535	„	15 „
à 1 „ „	237,650 „ . . .	2,376	„	15 „
überhaupt von	98,383,175 Rthlr. . . .	1,962,108	Rthlr.	15 Sgr.

Von diesen Prämien haben jedoch Staats= und andere Königl. Fonds und Kassen, namentlich der Staatsschatz, der Kron=Tresor, der Kron= und der Königl. Familien=Fideikommiß=Fonds, die General=Staatskasse, die General=Militairkasse, die Staatsschulden=Tilgungskasse, die Hauptbank, die Seehandlung, die Justizbeamten=Wittwenkasse, die Kasse des Kadetten=Instituts und das Militair=Waisenhaus auf die ihnen gehörigen 27,484,850 Rthlr. Staats=Schuldscheine 549,697 Rthlr. empfangen.

Auch sind den Gerichts= und vormundschaftlichen Depositorien, den Kämmereien, Landgemeinen, Kirchen, frommen und milden Stiftungen, Instituten und Corporationen sehr bedeutende Prämien zugeflossen. Wir erwähnen nur des kurmärkischen Pupillen=Depositoriums, des hiesigen städtischen Vormundschafts=Depositoriums, der Depositorien des Kammergerichts und des hiesigen Stadtgerichts, so wie der hiesigen Kämmerei, welche auf die ihnen zugehörigen konvertirten Staats=Schuldscheine über 2,610,050 Rthlr., an Prämien 52,201 Rthlr. empfangen haben.

Die alten 4prozentigen Staats=Schuldscheine sind eingezogen und den Besitzern der konvertirten neue 3½prozentige Schuld=Dokumente nach einem von Ew. Königl. Majestät bereits unter dem 30. August 1841 Allerhöchst genehmigten Formulare in denselben Apoints ausgehändigt worden.

Anstatt des bisherigen unbequemen Systems der Eintheilung der Staats=Schuldscheine, nach welchem die Nummer die prinzipale Bezeichnung war, jede Nummer eine Summe von 1000 Rthlr. repräsentirte, und die einzelnen Apoints innerhalb einer Nummer durch die Buchstaben von A. bis H. und, wenn es erforderlich wurde, auch noch darüber hinaus, von einander unterschieden wurden, haben jetzt jede der 8 Apoint=Gattungen von 1000 Rthlr., 500 Rthlr., 400 Rthlr., 300 Rthlr., 200 Rthlr., 100 Rthlr., 50 Rthlr. und 25 Rthlr. einen der Buchstaben A. B. C. D. E. F. G. oder H. zur Haupt=Bezeichnung und die einzelnen Exemplare jeder dieser Apoints die Unterscheidung durch ihre Ordnungszahlen erhalten.

Die alten, mittelst einer Schneidemaschine bereits kassirten Dokumente werden gegenwärtig in die Mortificationsbücher eingetragen und in den Stammbüchern gelöscht, und es werden nicht nur neue Stammbücher, sondern auch, zur Sicherung gegen etwanige Vernichtung derselben durch Feuer oder andere Unfälle, Duplikate Behufs der Niederlegung im Staats=Archiv gefertigt. Nach Beendigung dieses Geschäfts werden die kassirten Dokumente durch Feuer vernichtet, und es wird dies öffentlich bekannt gemacht werden.

Die Kosten, welche die Konvertirung der Staats=Schuldscheine verursacht haben, beliefen sich und zwar:

a) die Kosten der Konvertirung auf	3,512 Rthlr. 12 Sgr. 9 Pf.
b) die Kosten der Ausfertigung und Ausreichung der neuen Staats=Schuldscheine und Zins=Coupons auf	66,286 „ 8 „ 11 „
Dazu sind später noch gekommen: die den Beamten bei den Regierungs=Haupt=Kassen und bei der Kontrolle der Staatspapiere	

für diese außerordentlichen Geschäfte bewilligten Remunerationen mit . . . . . . 5,700 Rthlr. — Sgr. — Pf.

c) die Konvertirungs-Prämie auf 1,962,108 „ 15 „ — „

Summa aller Kosten . . 2,037,607 Rthlr. 6 Sgr. 8 Pf.

welche der allgemeine Betriebs-Fonds getragen hat.

Dagegen beläuft sich das Ersparniß, welches durch die Herabsetzung des Zinsfußes von 4 auf $3\frac{1}{2}$ pCt. erwächst, auf jährlich

494,866 Rthlr. 22 Sgr. 6 Pf.

Zufolge der Zusicherung, welche Ew. Königl. Majestät in der Allerhöchsten Ordre vom 27. März v. J. den Inhabern der konvertirten Staats-Schuldscheine Allergnädigst ertheilt haben, dürfen zwar diese innerhalb der Jahre 1843—46 nicht verlooset, vielmehr muß der Bedarf für den Staatsschulden-Tilgungs-Fonds durch Ankauf beschafft werden. Wir hoffen aber, letzteres ohne erhebliche Opfer von Seiten der Staats-Kasse möglich zu machen.

In Folge der oben erwähnten Ersparnisse hat der von Ew. Königlichen Majestät Allerhöchst vollzogene Etat für das Jahr 1843 auf die Gesammt-Ausgabe — mit Einschluß der provinziellen Staats-Schulden — von

7,239,000 Rthlr.

herabgesetzt werden können, und es ist dadurch gegen den Etat für das Jahr 1833 (für die abgelaufene Periode) eine Ersparniß von jährlich

2,079,488 Rthlr. 17 Sgr. 9 Pf.

bewirkt worden.

Da wir gegenwärtig mit der Kündigung und Einlösung der in sämmtlichen Regierungs-Bezirken vereinzelten provinziellen Staats-Schulden, welche zu $3\frac{1}{2}$ pCt. und höher verzinset werden, beschäftigt sind; so wird hierdurch auch diese Schuld-Kategorie, welche wegen ihrer Eigenthümlichkeiten uns wie die Provinzial-Regierungen und die Kassen-Verwaltung am meisten belästigt, zum großen Theile beseitigt werden und sonach die Anleihe in London die einzige Schuld-Position bleiben, von welcher mehr als $3\frac{1}{2}$ pCt. Zinsen zu zahlen sind.

Wir werden jedoch auch in Zukunft jede günstige Gelegenheit zur weiteren Vereinfachung dieses Geschäftszweiges, zu Ersparnissen rc. in demselben, pflichtmäßig benutzen, und wir dürfen demnach, wenn keine äußeren Ereignisse störend darauf einwirken, den Augenblick nicht für sehr entfernt halten, mit welchem die Konsolidirung der Staats-Schuld in ihrem ganzen Umfange vollendet sein wird.

Durch die beiden Gesetze vom 4. Mai 1843 über

die Umschreibung außer Cours gesetzter oder zum Umlauf unbrauchbar gewordener, unter öffentlicher Autorität auf jeden Inhaber ausgefertigter Papiere,

und über

das Wiederincourssetzen der unter öffentlicher Autorität auf jeden Inhaber ausgefertigten Papiere,

ist abermals einem im Verkehr lange gefühlten dringenden Bedürfniß abgeholfen worden.

Wir können diesen Abschnitt unseres ehrfurchtsvollen Vortrages nicht schließen, ohne noch allerunterthänigst zu bemerken, daß auch in diesem nunmehr abgelaufenen Dezennium keine Versuche, Staatsschuldscheine oder andere Kapital-Dokumente oder Zins-Coupons nachzumachen oder zu verfälschen, zu unserer Kenntniß gekommen sind. Wenn dies, wie wir schon in unserem ersten Geschäfts-Bericht zu erwähnen Gelegenheit hatten, außer der Höhe der Apoints wohl auch dem Umstande beizumessen sein dürfte, daß diese Dokumente, bei der alle vier Jahre wiederkehrenden Ausreichung neuer Zins-Coupons, im Originale vorgelegt werden müssen — wobei sie denn jedesmal einer strengen Verification unterworfen werden — so werden Attentate dieser Art für die Folge um so weniger befürchtet werden dürfen, als die jetzt ausgegebenen neuen drei und einhalbprozentigen Staatsschuldscheine nicht allein wegen Eigenthümlichkeit des dazu besonders geschöpften Papiers, sondern auch wegen ihrer sorgfältigeren Ausstattung die Nachahmung erschweren.

Indem wir nunmehr zu der unverzinslichen Staatsschuld übergehen, erlauben wir uns, im Allgemeinen dasjenige zu resumiren, was wir in unserem umständlicheren Berichte über die Ausfertigung der zuletzt ausgegebenen Kassen-Anweisungen vom 1. August 1838 allerunterthänigst angezeigt haben. Nachdem nämlich die Abnutzung des im Jahre 1824 ausgefertigten Papiergeldes eine Erneuerung desselben, und zwar in einer dem Fortschritte der Kunst und der Technik entsprechenden Form, dringend gefordert hatte, wurden wir dazu durch den Allerhöchsten Befehl vom 14. November 1835 angewiesen. Die Allerhöchste Bestimmung vom 5. Dezember 1836 ermächtigte uns ferner, zum Zweck besserer Kontrollirung des zirkulirenden Papiergeldes, an die Stelle der neben den Kassen-Anweisungen zirkulirenden Bank- und Seehandlungs-Kassenscheine, so wie der pommerschen Bankscheine — welche zusammen eine Summe von 5,500,000 Rthlr. repräsentirten — Kassen-Anweisungen auszufertigen; und endlich wurden wir, um das dringender gewordene Bedürfniß einer Vermehrung des Papiergeldes zu befriedigen, durch die Allerhöchste Kabinets-Ordre vom 9. Mai 1837 autorisirt, annoch 3 Millionen Thaler Kassen-Anweisungen auszufertigen. Die sonach im Umlauf gesetzten Kassen-Anweisungen bestehen in:

7,242,347	Stück	zu Einem Thaler . . .	7,242,347	Rthlr.
1,500,000	"	zu Fünf Thalern . . .	7,500,000	"
110,000	"	zu Funfzig Thalern . .	5,500,000	"
30,000	"	zu Hundert Thalern . .	3,000,000	"
5,000	"	zu Fünfhundert Thalern	2,500,000	"
8,887,347	Stück	über	25,742,347	Rthlr.
von welchen jedoch, wie bisher, nur . . .			11,242,347	"

als Staatsschuld aufgeführt werden können, da wegen der übrigen 14,500,000 Rthlr. ein gleicher Betrag in Staatsschuld-Dokumenten, welche in der Summe der etatsmäßigen verzinslichen Staatsschuld eingeschlossen sind, außer Cours gesetzt und in unserem Depositorium niedergelegt ist, also durch die Vermehrung des Papiergeldes eine Erhöhung der Staatsschuld nicht stattgefunden hat.

Nachdem wir im Vorstehenden die Verwaltung der Staats-Schuld im Allgemeinen und die in Gemäßheit des Gesetzes vom 17. Januar 1820 §. V.

	Rthlr.	Sgr.	Pf.
durch die Tilgung und auf andere Weise mit bewirkten Ersparnisse,*)	1,584,621	25	3
ferner die durch die Zins-Reduction der Staats-Schuldscheine außergewöhnlich ersparten . .	494,866	22	6
zusammen mit jährlich	2,079,488	17	9

*) Die Abgaben-Erleichterung, welche das oben gedachte Gesetz im §. V. unter c. in Aussicht stellt, ist von Sr. Majestät dem Könige durch die Allerhöchste Kabinets-Ordre vom 22. November 1842, nach Allergnädigst erfordertem Gutachten der Provinzial-Landtage und der vereinigten ständischen Ausschüsse, bereits huldreichst gewährt worden.

nachgewiesen haben, auch die Verwendung der uns überwiesenen Geldmittel — welche unsere Hauptfonds bilden — rechnungsmäßig darzustellen bemüht gewesen sind, gehen wir nunmehr zu den Nebenfonds der Staatsschulden-Tilgungskasse über.

Die Einrichtung und die Bestimmung eines jeden derselben haben wir in unseren früheren Geschäfts-Berichten umständlicher darzustellen versucht und erlauben uns jetzt nur, über den Zustand derselben Folgendes allerunterthänigst anzuzeigen.

Der bedeutendste dieser Neben-Fonds ist

I. der allgemeine Betriebs-Fonds.

Dieser wurde bei Errichtung der Haupt-Verwaltung der Staatsschulden aus den am 1. Januar 1820 verbliebenen Einnahme-Rückständen der damaligen General-Domainen-Veräußerungs-Kasse gestiftet. Ohne dessen Besitz beim Antritte unserer Functionen würden wir schwerlich im Stande gewesen sein, die günstigen Resultate zu erlangen, welche durch die Benutzung desselben wirklich erzielt worden sind.

	Rthlr.	Sgr.	Pf.
Seinem Bestande am Schlusse des Jahres 1832 von	4,283,804	22	7
flossen während der Dauer der letzten Tilgungs-Periode zu:			
Neue Einnahmen.			
An älteren rückständigen Domainen- und Forst-Veräußerungs-Geldern und Gefällen, anderen Resten, wieder erstatteten Vorschüssen u. s. w. — nachdem an früher geleisteten Vorschüssen mit Allerhöchster Genehmigung 177,340 Rthlr. 11 Sgr. 11 Pf. niedergeschlagen worden —.	1,408,238	9	1
und an Zinsen und Cours-Gewinn von den zur Ausführug der verschiedenen Zins-Reductionen nothwendig gewordenen Geld- und Effekten-Umsetzungen	575,815	8	1
Summa	6,267,858	9	9

Davon sind verwendet:

zu Konvertirungs-Kosten:

der Londoner Anleihe vom Jahre 1818 . . . . . 192,054. 10. 2.

				Rthlr.	Sgr.	Pf.
der Domainen-Pfandbriefe	5,944.	12.	6.			
der kurmärkischen Schuld-Verschreibungen	211,488.	19.	—.			
der neumärkischen Schuld-Verschreibungen	52,529.	8.	8.			
der Staatsschuld-Scheine — vorläufig erst die Prämie	1,962,108.	15.	—.	2,424,125	5	4
auf besondere Allerhöchste Anweisung wurden gezahlt und verausgabt:						
dem Tilgungs-Fonds der Staatsschuld-Scheine, die erst am 2. Januar 1833 zahlbar gewordenen Zinsen für das 2te Semester 1832 von seinen vom Etat für das Jahr 1833 bereits abgesetzten Kapitalien . . .	47,136.	—.	—.			
zur extraordinairen Einlösung von unverwechselten und von der planmäßigen Tilgung ausgeschlossenen sächsischen Kammer-Kredit-Kassen-Scheinen	74,462.	22.	—.			
zur Vergütung der in der Nachfrist zur Einlösung von Kassen-Anweisungen aus dem Jahre 1824 präsentirten	24,818.	—.	—.			
zur vorschußweisen Einlösung danziger Freistaats-Obligationen	31,608.	20.	7.			
dem Staatsschatze als Ueberschuß aus den Reductions-Operationen im Jahre 1830 bis 1835	500,000.	—.	—.			
an verschiedenen anderen Ausgaben und Prozeß-Kosten ꝛc.	27,666.	10.	5.	705,691	23	—
zusammen				3,129,816	28	4
Hierdurch ist der Kassenbestand dieses Fonds auf				3,138,041	11	5
vermindert worden.						

Wenn demselben in der Folge die noch rückständigen alten Domainen-Veräußerungs-Gelder und die wieder einzuziehenden Vorschüsse mit . . . Rthr. Sgr. Pf. 54,704 25 11

noch zutreten, so wird sich dieser Bestand auf . 3,192,746 7 4 erhöhen.

Es müssen dann aber auch an Ausgaben die nachträglichen Kosten der Konvertirung und der Umschreibung der Staats-Schuldscheine mit . . . . 75,498. 21. 8.

so wie auch die Differenz zwischen den am 2. Januar d. J. für das vorhergehende letzte Semester mit 3½ pCt. zum Etat gebrachten, in der Wirklichkeit aber noch zu 4 pCt. auszuzahlenden Zinsen von Staats-Schuldscheinen . 247,433. 11. 3.

zusammen mit . . 322,932 2 11

in Abzug gebracht werden; wonach das eigentliche Vermögen des allgemeinen Betriebs-Fonds auf 2,869,814 4 5 künftig zu stehen kommen dürfte.

II. Der Betriebs-Fonds für die provinziellen Staats-Schulden

besaß am 1. Januar 1833 von den ihm als Dotation übereigneten ausstehenden Aktiv-Kapitalien noch 1,200,087 Rthlr. 15 Sgr. 11 Pf.

Von dieser Summe sind in der Periode $18\frac{3}{4}\frac{3}{2}$ eingegangen . 305,825. 29. 3.

niedergeschlagen wurden an unsicheren Kapitalien, um die Schuldner nicht außer Nahrungsstand zu setzen . . . 126,076. 18. —.

also abgegangen . . 431,902, 17 3

mithin stehen an Kapitalien noch aus . . . 768,184 28 8

Nächst den eingezogenen Aktiv-Kapitalien im Betrage von 305,825 29 3

sind an Zinsen, inklusive älterer Rückstände . 555,069 24 11 eingegangen.

An außerordentlichen Zahlungen, und zwar an Zinsen für solche Passiva, welche zwischen Preußen und anderen Staaten (Hannover, Oldenburg, Braunschweig, Hessen, Nassau rc.) theilbar, aber noch nicht definitiv quotisirt waren, ferner an Vorauszahlungen Behufs der Regulirung der Schulden des deutschen Ordens rc. rc., der Reichs-Operations-Kasse im siebenjährigen Kriege rc., an Geld- und Effekten-Umsetzungen — demnach größtentheils durchlaufend —

				Rthlr.	Sgr.	Pf.
sind in Einnahme . . .	5,721,089.	26.	10.			
„ „ Ausgabe . . .	5,057,454.	23.	5.			
verrechnet, daher ein Ueberschuß von . . .				663,635	3	5
verblieben und die reine Einnahme demnach auf zu stehen gekommen ist, von welcher noch an Zurückerstattungen von reklamirten Kapitalien und Zinsen, Prozeß- und anderen Kosten der				1,524,530	27	7
Verwaltung rc. abgehen, zusammen				24,842	16	9
so daß ein Kassen-Bestand verbleibt von . .				1,499,688	10	10
Werden demselben die Einnahme-Rückstände mit				95,899	27	5
und die noch ausstehenden Aktiv-Kapitalien, von welchen aber ein großer Theil unsicher ist, mit				768,184	28	8
hinzugerechnet, so wird sich ein Vermögen von ergeben.				2,363,773	6	11

III. Dem Deposital-Fonds

sind während der abgelaufenen zehnjährigen Periode wieder einige Konten zugewachsen, und war die Anzahl derselben bis auf 19 gestiegen.

Dieselben zerfallen in zwei Klassen.

A. Deposita des Staats,

deren Fonds so lange als Staats-Eigenthum verwaltet werden, bis die etwanigen Ansprüche von Privatpersonen, Instituten, milden Stiftungen und anderen Behörden durch eingeleitete Verhandlungen festgestellt und befriedigt worden.

	Rthlr.	Sgr.	Pf.
Mit Ende des Jahres 1832 war der Bestand	8,499,398	2	6

		Rthlr.	Sgr.	Pf.
in den zehn Jahren 1833—42 sind an Einnahmen zugetreten	. . . .	14,592,490	15	6
macht	. .	23,091,888	18	—
Hiervon ab die gesammte Ausgabe in diesem Zeitraum mit	. . . .	13,102,166	23	5
und es verbleibt daher mit dem Ende des Jahres 1842 ein Bestand von	. . . .	9,989,721	24	7

unter welchem sich auch, wie hier nachrichtlich bemerkt werden muß, die vom Finanz-Ministerium bis jetzt niedergelegten Cautionen für Staats-Beamte mit 2,873,790 Rthlr. 24 Sgr. 9 Pf. befinden.

B. Privat-Deposita.

Effekten und Gelder, welche Privat-Personen ꝛc. für bereits feststehende Ansprüche an den Staat zustehen, diesen aber, wegen unterlassener Meldungen, oder in Ermangelung der Urkunden und anderer Legitimationsstücke, noch nicht ausgeliefert werden können, werden einstweilen, um die Rechnungen nicht durch zahllose Reste weitläuftig zu machen, und um die Uebersicht bei der laufenden Verwaltung nicht zu stören, aus den Haupt-Rechnungen diesem Fonds zur weiteren Verwahrung überwiesen.

Es waren dergleichen beim Anfange der zehnjährigen

Periode 1833—42 vorhanden .	417,800	Rthlr.	7 Sgr.	4 Pf.
die ferneren Einnahmen betrugen	2,694,232	„	5 „	— „
zusammen	3,112,032	Rthlr.	12 Sgr.	4 Pf.
Die Ausgaben beliefen sich auf	2,800,651	„	2 „	11 „
und es ist daher mit Ende des Jahres 1842 ein Bestand von . . .	311,381	Rthlr.	9 Sgr.	5 Pf.

verblieben.

C. Unterpfändlich deponirte Effekten und Asservate.

Mit Ende des Jahres 1842 blieben im Bestande 14,652,606 Rthlr. 22 Sgr. Unter dieser Summe befinden sich die für die mehr ausgefertigten Kassen-Anweisungen zum Unterpfande niedergelegten außer Cours gesetzten Staats-Papiere im Betrage von 14,500,000 Rthlr. Die Summe des gesammten Bestandes bei dem Deposital- und Asservaten-Fonds beträgt hiernach 24,953,709 Rthlr. 26 Sgr.

Gesammt-Uebersicht aller Fon

dritten Tilg

Nr.	Staats-Schulden-Etat für das Jahr 1833. Schulden-Titel	Kapital. Rthlr.	sgr.	pf.	verzinslich zu Prozent.	verzinslich mit jährlich Rthlr.	sgr.	pf.	zu tilgen mit jährlich Rthlr.	sgr.	pf.	In den J… Einn… an
	A. Schulden im Auslande . .	25,277,144	19	3	5. 4	1,022,514	10	9	915,154	23	7	1. Bestand aus dem 1832 . . . .
	B. Centralschulden im Lande.											
1	Kurmärksche landschaftl. Obligationen*)	1,177,183	29	5	div.	51,900	11	2	34,100	20	—	2. Domainen- und
2	Kurmärksche Schuldverschreibungen . .	2,785,970	—	—	4	112,219	24	6	33,745	—	—	Revenüen . .
3	Neumärksche Schuldverschreibungen . .	515,118	—	—	4	+) 20,604	21	7	6,200	—	—	3. Domainen- und
4	Staats-Schuldscheine	114,970,625	—	—	4	4,598,925	—	—	1,399,307	—	—	Veräußerungs- un
5	Domainen-Pfandbriefe	1,077,725	—	—	4. $4\frac{1}{3}$	44,459	22	6	18,619	—	—	lösungsgeldern .
	C. Provinzielle Staatsschulden	17,822,716	21	10	div.	552,416	6	6	332,862	29	10	4. Salz - Debits -
	D. Unverzinsliche Staatsschuld	11,242,347	—	—	—	—	—	—	—	—	—	schüssen . . .
	Summa	174,868,830	10	6		6,402,940	7	—	2,739,989	13	5	5. Beiträgen der rungs-Hauptkasse
						zusammen			9,142,929	20	5	zur Tilgung .
	*) Bei Einlösung der kurmärkschen landschaftlichen Obligationen unter Nr. 1. (alte Staatsschuld) ist das Goldagio mit . . . . zugetreten.	129,959	10	6	+) extraordinaire Rente zu 2 und 3				22,588	28	6	zur Verzinsung der provinziel Staatsschulden
	Dazu											6. Extraordinarien
	E. Kosten der unverzinslichen Schuld, Verwaltungskosten und Extraordinarien								152,969	28	10	Sum
	Summa								9,318,488	17	9	

und bleibt

Etat für das Jahr 1843.

Nr.	Schulden-Titel.	Kapital am 1. Januar 1843. Rthlr.	sgr.	pf.	verzinslich zu Prozent.	verzinslich mit jährlich Rthlr.	sgr.	pf.
	A. Schuld im Auslande	21,449,475	—	—	4	857,979	—	—
	B. Central-Schulden im Lande.							
1.	Kurmärksche Schuld-Verschreibungen	2,364,267	—	—	$3\frac{1}{2}$	82,749	10	4
2.	Neumärksche Schuld-Verschreibungen	440,133	—	—	$3\frac{1}{2}$	15,404	19	8
3.	Staats-Schuld-Scheine	99,916,275	—	—	$3\frac{1}{2}$	3,497,069	18	9
	C. Provinzielle Staats-Schulden, einschließlich von 22 Rthlr. 25 sgr. 5 pf. laut Bericht	14,690,937	14	4	div.	451,864	18	10
	D. Unverzinsliche Staats-Schuld	11,242,347	—	—	—	—	—	—
	Summa	150,103,434	14	4		4,905,067	7	7
						zusammen		
	Dazu							
	E. an Renten, Kosten der unverzinslichen Schuld, Verwaltungskosten, Extraordinarien, so wie den Gläubigern noch zu zahlenden Zinsen von den für das zweite Semester 1842. getilgten Neumärkschen Schuld-Verschreibungen und Staats-Schuld-Scheinen							

33 bis 1842.

bis 1842. einschließlich. Ausgabe. Behufs der	Betrag. Rthlr.	sgr.	pf.	An Schulddokumenten sind in den J. 18$\frac{33}{42}$ erworben für den Tilgungsfonds der	Betrag. Rthlr.	sgr.	pf.	Vom Staatsschulden-Etat gehen aber nur ab Rthlr.	sgr.	pf.	In Staatsschuld-Scheine sind umgeschrieben Rthlr.	sgr.	pf.
1. Verzinsung	58,670,298	4	11	A. Schulden im Auslande . .	4,820,894	19	3	3,827,669	19	3	—	—	—
2. Tilgung	26,877,772	12	10	B. Centralschulden im Lande.									
dazu				1. Kurmärkschen landschaftl. Obligationen	136,495	22	6	136,495	22	6	1,170,625	—	—
3. Außerdem:				2. Kurmärkschen Schuldverschreibungen .	421,703	—	—	421,703	—	—	—	—	—
Renten,				3. Neumärkschen Schuldverschreibungen .	74,985	—	—	74,985	—	—	—	—	—
Kosten der unverzinslichen Staatsschuld,				4. Staats-Schuldscheine	17,167,900	—	—	17,167,900	—	—	—	—	—
				5. Domainen-Pfandbriefe	256,575	—	—	256,575	—	—	821,150	—	—
				C. Provinziellen Staatsschulden	5,431,181	18	1	3,010,027	2	11	121,775	—	—
				Summa	28,309,734	29	10				2,113,550	—	—
Reste aus früheren Jahren, Verwaltungskosten, und Extraordinarien ꝛc.	2,253,130	1	5	Es können aber nach den Erläuterungen in dem Bericht, vom Etat, wie hieneben angezeigt wird, für jetzt nur abgesetzt werden				24,895,355	14	8			
Summa	87,801,200	19	2										

Bestände der Staats-Schulden-Tilgungs-Kasse nach dem Abschluß für das Jahr 1842.

bei	Baar. Rthlr.	sgr.	pf.	Effekten. Rthlr.	sgr.	pf.	Summa. Rthlr.	sgr.	pf.
A. dem Haupt-Fonds	496,174	12	—	—	—	—	496,174	12	—
B. dem Tilgungs-Fonds	83,956	14	9	—	—	—	83,956	14	9
C. den Neben-Fonds.									
1. Allgemeinen Betriebs-Fonds	1,301,566	11	5	1,836,475	—	—	3,138,041	11	5
2. Provinziellen Betriebs-Fonds	453,336	5	4	1,046,352	5	6	1,499,688	10	10
3. Deposital-Fonds	12,259	8	8	24,941,450	17	4	24,953,709	26	—
=	2,347,292	22	2	27,824,277	22	10	30,171,570	15	—
Dazu Einnahme-Rückstände	140,487	14	—	26,298	27	6	166,786	11	6
Summa	2,487,780	6	2	27,850,576	20	4	30,338,356	26	6
Davon Ausgabe-Rückstände	706,293	21	8	14,362	5	5	720,655	27	1
also Aktiv-Bestand	1,781,486	14	6	27,836,214	14	11	29,617,700	29	5

einschließlich der 14,500,000 Rthlr. für die mehr ausgefertigten Kassen-Anweisungen deponirte, außer Cours gesetzte, Effekten und 2,873,790 Rthlr. 24 Sgr. 9 Pf. niedergelegte Cautionen für Staatsbeamte.

Berlin, den 9. November 1843.

Indem wir schließlich eine Gesammt-Uebersicht von dem Kassen-Zustande sämmtlicher unserer Obhut anvertrauten Fonds beilegen (s. umstehende Tabelle), aus welcher Ew. Königliche Majestät Allergnädigst entnehmen wollen, daß dieselben, einschließlich der so eben gedachten 14,500,000 Rthlr. Effekten, welche für die mehr ausgefertigten Kassen-Anweisungen deponirt sind, die beträchtliche Summe von

29,617,700 Rthlr. 29 Sgr. 5 Pf.

umfaßten, erlauben wir uns noch die allerunterthänigste Bemerkung, daß unsere gesammte Komptabilität bis einschließlich des Jahres 1840, theils durch Ew. Königliche Majestät Allerhöchstselbst, theils durch die Ober-Rechnungs-Kammer dechargirt ist, die Rechnungen für das Jahr 1841 dem Staatsrathe zur Begutachtung vorliegen und die für das Jahr 1842 binnen kurzem an die Ober-Rechnungs-Kammer abgehen werden.

Berlin, den 9. November 1843.

Haupt-Verwaltung der Staats-Schulden.

Rother. v. Berger. Natan. Köhler. Knoblauch.

B.

Haupt-Finanz-Etat
für das Jahr 1844.

Ich habe den Mir am 23sten v. M. eingereichten allgemeinen Etat der Staats-Einnahmen und Ausgaben für das Jahr 1844 vollzogen und sende Ihnen denselben zurück, um dessen Publication durch die Gesetz-Sammlung zu veranlassen.

Berlin, den 9. April 1844.

Friedrich Wilhelm.

An den Staats- und Finanz-Minister von Bodelschwingh.

Allgemeiner Etat der Staats-Einnahmen und Ausgaben für das Jahr 1844.

Einnahme.		Betrag.
	Rthlr.	Rthlr.
1) Aus der Verwaltung der Domainen und Forsten	9,924,541	
Davon ab:		
a. an Verwaltungskosten, Lasten und Abgaben 2c. . . . . 3,261,279 Rt.		
b. der dem Kron-Fideikommiß vorbehaltene Revenüen-Antheil, einschließl. 73,099 Rt. Agio von 548,240 = Gold . . . . . 2,573,099 =	5,834,378	
Ueberschuß		4,090,163

	Rthlr.	Betrag. Rthlr.
2) Aus den Domainen-Ablösungen und Verkäufen, Behufs schnellerer Tilgung der Staatsschulden		1,000,000
3) Aus der Verwaltung der Bergwerke, Hütten und Salinen	1,607,838	
Die Verwaltungskosten betragen	507,838	
Ueberschuß .	1,100,000	
dazu an Ueberschuß aus der Porzellan-Manufaktur in Berlin	17,241	1,117,241
4) Aus der Postverwaltung		1,400,000
5) Aus der Verwaltung der Lotterie . .		863,200
6) Aus der Steuer- und Abgaben-Verwaltung:		
a. an Grundsteuer . 10,427,944 Rt. Die Verwaltungskosten betragen . . 585,637 =		
Ueberschuß	9,842,307	
b. an Klassen-Steuer 7,188,107 Rt. Die Verwaltungskosten betragen . 297,761 =		
Ueberschuß	6,890,346	
c. an Gewerbesteuer . 2,435,460 Gt. Die Verwaltungskosten betragen . . 98,491 =		
Ueberschuß	2,336,969	
Summa direkte Steuern . .	19,069,622	
d. an Eingangs-, Ausgangs- u. Durchgangs-Abgaben, an Verzehrungs-Steuern von inländischen Erzeugnissen, an Wegegeldern, an Abgaben von der Schifffahrt und d. Benutzung d. Häfen, Kanäle, Schleusen, Brücken und anderen Communications-Anstalten, ferner an Stempel-Steuer 29,081,434 Rt.		

		Rthlr.	Betrag. Rthlr.
Transport	29,081,434 Rt.		
Die Verwaltungskosten betragen . .	3,606,356 =		
Ueberschuß		25,475,078	
e. an Einkommen aus der Salz=Regie .	6,981,720 Rt.		
Die Ankaufs= und Verwaltungskosten betragen	2,666,420 =		
Ueberschuß		4,315,300	48,860,000
7) An verschiedenen, unter obigen Titeln nicht begriffenen Einnahmen . . .			346,590
Summa der Einnahme . .			57,677,194

Ausgabe.

	Rthlr.	Betrag. Rthlr.
1) Für das Staatsschuldenwesen, und zwar:		
a. zur Verzinsung der allgemeinen und provinziellen Staatsschulden und zu den laufenden Verwaltungskosten .	4,961,885	
b. zur Schuldentilgung	2,251,115	
	7,213,000	
c. zur Verzinsung und Tilgung später übernommener Provinzialschulden	40,920	7,253,920
2) An Pensionen, Kompetenzen und Leibrenten, und zwar:		
a. an etatsmäßigen Fonds zu Pensionen für emeritirte Staatsdiener und deren Wittwen und Hinterbliebene, so wie zu sonstigen Gnaden=Unterstützungen	985,527	
b. an lebenslänglichen Kompetenzen und Pensionen der Mitglieder aufgehobener geistlicher Corporationen; an Pensionen, welche sich auf den Reichs=Deputationsschluß vom 25. Februar 1803 oder andere Staatsverträge		

	Rthlr.	Betrag. Rthlr.
Transport	985,527	
gründen, und an sonstigen künftig wegfallenden Zahlungen, als: Wartegelder, Leibrenten, Pensionen rc., die auf früheren Verpflichtungen und Bewilligungen beruhen	1,232,121	2,217,648
3) An dauernden Renten:		
a. Entschädigungen für aufgehobene Rechte und Nutzungen	254,110	
b. Zinsen der Amts-Cautionen . . .	211,845	
c. zur Verzinsung eingezogener Stiftungs-Kapitalien, so wie zur Verzinsung und Abbürdung temporairer Vorschüsse anderer Königl. Kassen .	358,840	
d. Zuschuß an die Civil-Wittwenkasse aus der Garantie vom Jahre 1775	310,193	1,134,988
4) Für verschiedene Central-Behörden, als:		
a. für das Geheime Civil-Kabinet	20,203	
b. für das Büreau des Staats-Ministeriums	64,424	
c. für die Staatsbuchhalterei . . .	28,219	
d. für die Verwaltung des Staatsschatzes und der Münzen	15,968	
e. für das Staats- und Kabinets-Archiv	10,435	
f. für die Provinzial-Archive . . .	11,422	
g. für das Staats-Sekreteriat . . .	23,911	
h. für die Ober-Rechnungskammer .	123,781	
i. für die General-Ordens-Kommission	20,946	
k. für das statistische Büreau . . .	11,209	330,518
5) Für das Ministerium der geistlichen, Unterrichts- und Medizinal-Angelegenheiten		3,119,940
6) Für das Ministerium des Innern und für die General-Kommissionen . .		2,752,656
7) Für das Ministerium der auswärtigen Angelegenheiten		729,304

	Rthlr.	Betrag. Rthlr.
8) Für das Kriegs-Ministerium, einschließlich der Zuschüsse für das große Militair-Waisenhaus zu Potsdam und dessen Filial-Anstalten		24,604,208
9) Für das Justiz-Ministerium und das Ministerium der Gesetz-Revision . .	5,985,193	
Davon werden durch Sporteln, Jurisdictions-Beiträge, Miethe ꝛc. gedeckt	3,707,255	2,277,938
10) Für das Finanz-Ministerium und die General-Staatskasse		158,653
11) Für die General-Verwaltung der Domainen und Forsten		99,909
12) Dem Finanz-Ministerium, für die Verwaltung für Handel und Gewerbe, ingleichen zu den gewöhnlichen Land- und Wasserbauten, ausschließlich der Chausseen		2,008,917
13) Demselben zur Unterhaltung und zum Neubau der Chausseen, einschließlich der Mittel zur Verzinsung und Tilgung der aufgenommenen Chausseebau-Kapitalien		2,782,800
14) Für die Ober-Präsidien u. Regierungen		1,704,489
15) Für die Haupt- und Landgestüte . .		173,306
16) Zur Ablösung kleiner Passiv-Renten		100,000
17) Zur Deckung des Verlustes bei Umprägung der nach langjährigem Umlauf nicht mehr vollhaltigen Münzen		400,000
18) Zur Verwendung zu wohlthätigen Zwecken, die in Ermangelung gesetzlicher Erben dem Fiskus anheimfallenden Verlassenschaften		16,000
19) Zu extraordinairen Bedürfnissen, als: zu Chaussee-, Strom-, Hafen- und sonstigen Bauten und zu Landes-Verbesserungen		2,500,000

	Rthlr.	Betrag. Rthlr.
20) Dispositions-Fonds zu Gnadenbewilligungen aller Art		350,000
21) Zur Uebertragung der Einnahme-Ausfälle, insbesondere des von der bevorstehenden Porto-Ermäßigung zu erwartenden Ausfalls an den Post-Revenüen		1,000,000
22) Zu unvorhergesehenen Ausgaben . .		500,000
23) Zur Ansammlung eines Deckungs-Fonds zur Bestreitung der für Eisenbahnbauten zu übernehmenden Verbindlichkeiten, und zur Vermehrung des Haupt-Reserve-Kapitals . . .		1,462,000
Summa der Ausgabe . .		57,677,194

Berlin den 9. April 1844.

(L. S.) **Friedrich Wilhelm.**

von Bodelschwingh.

Erläuterungen
zu dem
allgemeinen Etat der Staats-Einnahmen und Ausgaben für das Jahr 1844.

Der im letzten Stücke der Gesetz-Sammlung veröffentlichte allgemeine Etat der Staats-Einnahmen und Ausgaben für das Jahr 1844 weicht in Form und Fassung einigermaßen von den früher publizirten Haupt-Finanz-Etats ab. Diese formellen Abweichungen, so wie die wichtigsten materiellen Verschiedenheiten, welche bei einer Vergleichung des diesjährigen Etats mit dem zuletzt zur öffentlichen Kenntniß gebrachten Haupt-Finanz-Etat für das Jahr 1841 hervortreten, werden in Nachstehendem erläutert.

Im Allgemeinen ist zuvörderst zu bemerken, daß in dem neuesten Staatshaushalts-Etat die einzelnen Einnahme- und Ausgabe-Beträge nicht, wie früher, auf volle Tausende von Thalern abgerundet, sondern genau so, wie sie aus den zum Grunde liegenden Verwaltungs-Etats sich ergeben — jedoch mit Weglassung der Groschen und Pfennige — ausgebracht worden sind.

Was die

Einnahme

betrifft, so darf als bekannt vorausgesetzt werden, daß in den bisher publizirten allgemeinen Staatshaushalts-Etats nur die Netto-Ueberschüsse der verschiedenen Einnahmezweige, wie sie aus einer Zusammenstellung der Resultate sämmtlicher Regierungs-Haupt-Kassen-Etats und des General-Staats-Kassen-Etats hervorgehen, in summarischen Beträgen ausgeworfen waren.

Hiervon abweichend sind in dem diesjährigen Haupt-Finanz-Etat bei denjenigen Einnahme-Verwaltungen, deren Ueberschüsse durch die Regierungs-Haupt-Kassen in die General-Staats-Kasse fließen, vor der Linie die aus den Spezial-Etats ermittelten Brutto-Erträge ersichtlich gemacht, davon die mit jeder Einnahme-Verwaltung verbundenen Betriebs- und Erhebungskosten und sonstigen Ausgaben, welche, den bestehenden Einrichtungen zufolge, theils von den Spezial-Einnahme-Kassen, theils von den Provinzial-Haupt-Kassen und von der General-Staats-Kasse zu bestreiten sind, ebenfalls vor der Linie abgesetzt und so die in der Linie ausgeworfenen Netto-Ueberschüsse nachgewiesen worden. Durch dieses Verfahren wird, ohne die Vergleichung der in der Linie erscheinenden Resultate des diesjährigen Etats mit denjenigen der früher veröffentlichten Staatshaushalts-Etats zu erschweren, der Zweck erreicht, die Brutto-Einnahmen des Staats, in Bezug auf die wichtigsten Einnahmezweige, näher darzulegen und das Verhältniß derselben zu den auf die Erhebung zu verwendenden Kosten anschaulich zu machen.

Da der Haupt-Finanz-Etat nur dazu bestimmt ist, eine allgemeine Uebersicht der Staats-Einnahmen und Ausgaben zu gewähren, so haben sowohl die Brutto-Einnahmen, als auch die Erhebungskosten, nur in summarischen Beträgen ausgeworfen werden können. Die wichtigsten derselben sollen jedoch, in den nachfolgenden Erläuterungen, in ihre Haupt-Bestandtheile zerlegt werden.

1) Die Brutto-Einnahme aus der Verwaltung der Domainen und Forsten besteht aus:

a. den Domainen-Revenüen, welche

1) an Rent-Amts-Gefällen, Erbpächten, Erbzinsen und anderen Geld- und Natural-Gefällen . . .	4,132,289	Rthlr.
2) an Einnahmen von verpachteten und administrirten Domainen-Grundstücken und Nutzungen	1,828,907	=
zusammen	5,961,196	Rthlr.

und

b. den Forst-Revenüen, welche

1) an Einnahmen aus dem Nutz- u. Brennholz-Verkauf	3,459,504	Rthlr.
2) an Jagdnutzungen	104,621	=
3) an Forst-Nebennutzungen, einschließlich der Forststraf- und Pfandgelder . . .	399,220	=
zusammen	3,963,345	Rthlr.

betragen.

Von den in dem Haupt-Finanz-Etat mit 3,261,279 Rthlr. summarisch ausgeworfenen Domainen- und Forst-Verwaltungs-, kosten fallen

a. auf die Domainen-Verwaltung:

1) an Aufsichts- und Erhebungskosten	257,765	Rthlr.
2) an Ausgaben für die gutsherrliche Polizei-Verwaltung und an Patronatslasten	107,536	=
3) an Passivrenten, Kompetenzen und öffentlichen Abgaben	429,928	=
4) an Remissionen	18,370	=
5) an Bau-, Vermessungs-, Separations-, Prozeß- und anderen ähnlichen Kosten .	362,557	=
zusammen	1,176,156	Rthlr.

und

b. auf die Forst-Verwaltung:

1) an Besoldungen der Regierungs-Forst-Beamten und Forst-Inspektoren . . .	167,505	Rthlr.
2) an Forstschutz- und Erhebungs-Kosten und anderen Lokal-Verwaltungs-Ausgaben	884,335	=
3) an Holzhauer- und Holzfuhrlöhnen .	500,909	=

4) an Ausgaben zu Forstkulturen, Vermessungen und Separationen, für Forstwege- und Wasserbauten, an Prozeßkosten, so wie an Unterhaltungskosten der Forst-Dienstgebäude und Forst-Lehr-Anstalten	402,433 Rthlr.
5) an Geldvergütungen für Holz-Deputate und sonstige auf den Forst-Grundstücken haftende Lasten	49,001 „
6) an Pensionen und Unterstützungen der Wittwen und Waisen exekutiver Forst-Beamten und an Remunerationen dieser Beamten	80,940 „
zusammen	2,085,123 Rthlr.

Hiernach ergiebt sich:

a. für die Domainen, wenn von dem Brutto-Ertrage mit	5,961,196 Rthlr.
die Erhebungs- und Verwaltungskosten mit	1,176,156 „
abgesetzt werden, ein Netto-Ertrag von	4,785,040 Rthlr.

und

b. für die Forsten, wenn man von dem Brutto-Ertrage mit	3,963,345 Rthlr.	
die Betriebskosten mit .	2,085,123 „	
in Abzug bringt, ein Netto-Ertrag von		1,878,222 Rthlr.
mithin für beide Verwaltungszweige zusammen ein Netto-Ueberschuß von . . .		6,663,262 Rthlr.

Von dieser Summe geht zuvörderst der in dem Gesetze vom 17. Januar 1820 dem Kron-Fideikommiß vorbehaltene Antheil an den Domainen- und Forst-Revenüen mit 2,500,000 Rthlr.

ab, welchem, nach einer neuerlich im Kassen- und Rechnungswesen allgemein getroffenen Einrichtung, das Agio von den

darunter in Golde zahlbaren 548,240 Rthl. mit	73,099 „	
hinzugesetzt ist.		2,573,099 „

Der dann verbleibende Rest mit . . 4,090,163 Rthlr. bildet den zur Staatskasse fließenden Netto-Ueberschuß aus der Verwaltung der Domainen und Forsten.

Der Betrag von 70,163 Rthlr., um welchen diese Etats-Position den, in dem Haupt-Finanz-Etat für das Jahr 1841 mit 4,020,000 Rthlr. ausgeworfenen Netto-Ueberschuß der gedachten Verwaltung übersteigt, ist, in der Hauptsache das Ergebniß vortheilhafterer Domainen-Verpachtungen und besserer Verwerthung der Forst-Produkte.

Bei einer Vergleichung der vorstehend nachgewiesenen Brutto-Einnahmen mit den denselben gegenüberstehenden Verwaltungs-Ausgaben darf zuvörderst nicht übersehen werden, daß unter den der Domainen-Verwaltung angehörigen Ausgaben 537,464 Rthlr. begriffen sind, welche auf Real-Verpflichtungen des Domainen-Fiskus beruhen. Nach Abzug derselben bleiben an eigentlichen Erhebungs- und Betriebskosten dieser Verwaltung nur 638,692 Rthlr., oder nicht ganz 11 pCt. der Brutto-Einnahme übrig.

Bei der Forst-Verwaltung kann eine Vergleichung der Betriebs-Ausgaben mit der Brutto-Einnahme schon deshalb nicht zu einem richtigen Resultate führen, weil unter dieser Einnahme weder der Werth des Holzes, welches als Deputat oder unter anderen Titeln ganz oder theilweise unentgeltlich abgegeben wird, noch der Werth anderer ähnlicher Naturalleistungen, die auf den Forsten haften, enthalten ist. Dazu kommt, daß der größeste Theil der Forst-Verwaltungskosten nicht blos für den Fiskus, als Waldeigenthümer, sondern auch im Interesse der zahlreichen Forstberechtigten verwendet wird, welche aus den fiskalischen Forsten, auf Grund mannigfacher Servituten, sehr erhebliche Nutzungen beziehen, ja es sind diese Nutzungen nicht selten so bedeutend, daß sie mehr als die Hälfte des Ertrages hinwegnehmen, während dem Forst-Fiskus Schutz, Kulturen, und alle sonstige Ausgaben allein zur Last fallen. —

2) Die Einnahme aus Domainen-Ablösungen und Verkäufen ist der Bestimmung des der Verordnung vom 17. Januar 1820

beigefügten Staatsschulden-Etats entsprechend wieder auf 1,000,000 Rthlr. angeschlagen, hat sich mithin gegen den Etatssatz für das Jahr 1841 und frühere Jahre nicht geändert. Der größeste Theil dieser Einnahme besteht in dem Ertrage der gesetzlich geordneten Ablösung von Domainen-Gefällen, während der eigentliche Domainen-Verkauf lediglich auf die Veräußerung kleinerer Domainen- und Forst-Parzellen beschränkt wird.

3) Die Brutto-Einnahme aus der Verwaltung der Bergwerke, Hütten und Salinen, die in dem diesjährigen Haupt-Finanz-Etat mit 1,607,838 Rthlr. ausgebracht ist, bildet sich aus folgenden Beträgen:

a.	von landesherrlichen Gruben und Hüttenwerken	728,190 Rthlr.
b.	von landesherrlichen Salinen	274,567 =
c.	an Bergwerks-Gefällen, Steuern, Sporteln und sonstigen Einnahmen	605,081 =
	zusammen	1,607,838 Rthlr.

Dabei ist zu bemerken, daß die angegebenen Einnahme-Summen von Gruben, Hütten und Salinen nur aus den Ueberschüssen der einzelnen Werke bestehen, deren Brutto-Erträge und Betriebskosten ohne ein, dem Zwecke dieser Darstellung unangemessenes Eingehen in das Detail der Verwaltung, nicht wohl spezifizirt werden können.

In dem ausgeworfenen Betrage der Kosten der Berg-, Hütten- und Salinen-Verwaltung sind:

a.	an Besoldungen, Reisekosten und Büreau-Bedürfnissen der Berg-Aemter, der Ober-Bergämter und der mit dem Finanz-Ministerium verbundenen General-Verwaltung . .	372,228 Rthlr.
b.	zu größeren Gruben und anderen Neubauten und zu Meliorationen	102,978 =
c.	zu berg- und hüttenmännischen Versuchen, so wie zur Unterhaltung der Bergschulen, der Berg-Eleven und zu ähnlichen Ausgaben	32,632 =
		507,838 Rthlr.

begriffen.

Bei der Position a darf nicht übersehen werden, daß die Beamten keinesweges allein oder vorzugsweise mit der Administration der landesherrlichen Werke beschäftigt sind, daß vielmehr ein überwiegender Theil ihres Berufes in der oberen technischen Leitung des ausgedehnten privativen und gewerkschaftlichen Bergwerks-Betriebes besteht.

Unter den Ausgaben zu b sind vorzugsweise solche enthalten, welche, wie die Anlage tiefer Stollen, zur Beförderung des Bergbaus in großen Revieren bestimmt sind, und daher auch dem Privat- und gewerkschaftlichen Bergbau zu gute kommen.

Der Gesammt-Ueberschuß von	1,100,000	Rthlr.
übersteigt die in dem Staatshaushalts-Etat vom Jahre 1841 mit	900,000	=
ausgebrachte Einnahme aus diesem Verwaltungszweige um	200,000	Rthlr.

ein Resultat, welches dem schwunghafteren Betriebe der landesherrlichen Berg- und Hüttenwerke und des Bergbaus im Allgemeinen zugeschrieben ist.

Die jenem Ueberschusse, wie früher, hinzugesetzte etatsmäßige Einnahme aus der berliner Porzellan-Manufaktur hat sich gegen das Jahr 1841 nicht geändert. Die geringe Differenz zwischen der im diesjährigen Etat erscheinenden Ertrags-Summe von

	17,241	Rthlr.
und der entsprechenden Etats-Position von 1841 mit	17,000	=

war aus letzterer nur der Abrundung wegen weggeblieben.

Etwanige Mehr-Einnahmen über diesen etatsmäßigen Ueberschuß hinaus werden zur Zeit noch zur Tilgung älterer, zur Erweiterung der Fabrik-Anlagen aufgenommener Schulden und zur Vermehrung des Betriebs-Fonds verwendet.

4) Die Post gehört zu denjenigen Einnahme-Verwaltungen, deren Erträge nicht durch die Regierungs-Hauptkassen, sondern durch eine eigene Central-Kasse an die General-Staatskasse abgeführt werden. Um der Post-Verwaltung eine nach ihrer Eigenthümlichkeit wünschenswerthe freiere Bewegung zu gewähren, ist der von derselben für die Staatskasse zu erwartende Ueberschuß schon seit längerer Zeit auf eine runde Summe fixirt worden, welche früher 1,200,000 Rthlr. betrug und im Jahre 1841 auf 1,400,000 Rthlr. erhöht wurde. Dieser Ueberschuß hat, ungeachtet in Folge der Aufhebung der Abgabe von Miethkutschern und Lohnfuhrleuten (Allerhöchste Kabinets-Ordre vom 10. Dezember 1841, Gesetz-

Sammlung von 1841, Seite 336), der Postkasse eine jährliche Einnahme von ungefähr 60,000 Rthlr. entgangen ist, doch auch für das Jahr 1844 unverkürzt wieder ausgebracht werden können.

Uebrigens wird die von des Königs Majestät neuerlich in Aussicht gestellte Porto-Ermäßigung ohne Zweifel einen beträchtlichen Ausfall an den Post-Revenüen herbeiführen, auf welchen indessen bei Festsetzung des diesjährigen Fonds zur Deckung von Einnahme-Ausfällen schon die erforderliche Rücksicht genommen ist.

5) Die Lotterie-Einnahmen, die eben so, wie die Post-Einnahmen durch eine Centralkasse in die General-Staatskasse fließen, betragen, nach dem Etat für das Jahr 1844, zusammen 1,030,151 Rthlr.

worunter an gesetzlichen Tantiemen à 12½ pCt. von den Gewinnen 976,791 Rthlr. begriffen sind. Der Rest besteht in zufälligen Einnahmen, einschließlich der Gewinne auf die zur Bestreitung der Freiloose zurückbehaltenen Loose.

Von diesen Einnahmen gehen

a. an Einnehmer-Gebühr .	111,860 Rthlr.	
b. an Besoldungen und sonstigen Verwaltungs-Kosten .	35,091 =	
c. an möglichem Verlust für nicht abgesetzte Loose . .	20,000 =	
zusammen		166,951 =
ab. Der Rest mit		863,200 Rthlr.

bildet den diesjährigen etatsmäßigen Ueberschuß der Lotterie-Verwaltung.

Die Verminderung desselben gegen das Jahr 1841, in welchem diese Verwaltung etatsmäßig 929,000 Rthlr. an die General-Staatskasse abzuliefern hatte, rührt von der in Folge der Allerhöchsten Kabinets-Ordre vom 21. Juli 1841 (Gesetz-Sammlung von 1841, Seite 131) eingetretenen Beschränkung der Lotterie her, wobei namentlich die Anzahl der zum jährlichen Debit bestimmten Loose um 54,000 Stück vermindert worden ist.

6) Die Einnahmen aus der Steuer- und Abgaben-Verwaltung sind in dem neuen Etat in derselben Reihefolge, wie in dem Haupt-Finanz-Etat von 1841, nämlich zuerst der Ertrag jeder der 3 di-

rekten Steuern (Grundsteuer, Klassensteuer und Gewerbesteuer), dann die Einnahmen an indirekten Steuern jeder Art in einer Summe und endlich das Einkommen aus dem Salz-Monopol aufgeführt.

a. Der Brutto-Ertrag der Grundsteuer beträgt nach dem diesjährigen Etat . . . . 10,427,944 Rthlr.

Die davon abgesetzten Erhebungs- und Verwaltungs-Kosten mit . . . . 585,637 „

bestehen in:

121,158 Rthlr. an Elementar-Erhebungs-Kosten

199,483 „ für Remissionen und Erstattungen und

264,996 „ Kosten der Kriegskassen und der Anfertigung der Grundsteuer-Heberollen und Besoldungen der Steuer-Aufsichts- und Fortschreibungs-Beamten, so wie der Exekutoren.

Nach Abzug dieser Kosten ergiebt sich ein Netto-Ueberschuß von . . . . 9,842,307 „

während in dem Etat für das Jahr 1841 der Rein-Ertrag der Grundsteuer mit . . . . . 9,889,000 „

also um . . 46,693 Rthlr.

höher ausgeworfen war.

Dieser Minder-Ertrag rührt von der Absetzung eines Theils der zur Unterhaltung der Bezirksstraßen auf dem linken Rheinufer bestimmten Beischläge her, welche, in Folge des Regulativs über die Verwaltung jener Straßen vom 20. Januar 1841 nicht mehr, wie früher, ausschließlich auf die Grundsteuer, sondern auch auf die Klassensteuer, die Gewerbesteuer und die Mahl- und Schlachtsteuer repartirt und, so weit sie von der Grundsteuer abgesetzt sind, durch Mehr-Einnahmen bei den gedachten anderen Steuern gedeckt werden.

Ohne diese Veränderung und ohne eine nicht ganz unbeträchtliche Erhöhung der Verwaltungs-Kosten, welche indessen großentheils nur in der Uebernahme verschiedener, bis dahin auf anderen Etats ausgebrachten Besoldungen ihren Grund hat, würde der für 1844 etatsmäßige Grundsteuer-Ertrag sich gegen das Jahr 1841 um etwa 30,000 Rthlr. höher stellen, eine Steigerung, die in der Zugangssteuer von veräußerten, früher steuerfreien Domainen=Grundstücken und in vorgekommenen Berichtigungen ihre natürliche Erklärung findet.

Die Erhebungs= und Verwaltungs=Kosten der Grundsteuer belaufen sich ungefähr auf 5$\frac{2}{3}$ pCt. der Brutto=Einnahme.

b. Von der Klassensteuer ist nach dem Etat für das Jahr 1844

eine Brutto=Einnahme von	7,188,107 Rthlr.
einschließlich 8,763 Rthlr. an Beiträgen zum Departemental=Remissions=Fonds in der Rhein=Provinz und, nach Abzug der Erhebungs=Kosten mit	297,761 =
ein Ueberschuß von	6,890,346 Rthlr.
zu erwarten.	
Gegen den im Etat für 1841 ausgeworfenen Netto=Ertrag von	6,693,000 =
ergiebt sich, mit Einschluß der oben erwähnten, auf die Klassensteuer fallenden, Beischläge zur Unterhaltung der Bezirksstraßen auf dem linken Rheinufer für 1844 eine Mehr=Einnahme von	197,346 Rthlr.

Die Grundsätze, nach welchen bei Veranlagung der Klassensteuer verfahren wird, haben sich gegen das Jahr 1841 nicht geändert, in der Anwendung aber noch gemildert. Denn, während die Steuer im Jahre 1841 jeden Kopf der damals vorhandenen klassensteuerpflichtigen Bevölkerung durchschnittlich mit 16 Sgr. 5$\frac{54}{100}$ Pf., traf, fällt von dem in diesem Jahre etatmäßigen Klassensteuer=Soll auf den Kopf ein Durchschnittsbetrag von 16 Sgr. 4$\frac{64}{100}$ Pf., wobei überdies — weil die Ermittelungen der Einwohnerzahl für das Jahr 1844 noch nicht beendigt sind — nur die Bevölkerung des Jahres 1843 der Berechnung zum Grunde gelegt ist.

c. Die Gewerbesteuer soll nach dem diesjährigen Etat ein Brutto=

Aufkommen von	2,435,460 Rthlr.
und nach Abzug von	98,491 =
Erhebungskosten, einen Netto=Ertrag von . .	2,336,969 Rthlr.
mithin gegen den Reinertrag für 1841, welcher damals auf	2,180,000 =
angeschlagen war, eine Mehr=Einnahme von	156,969 Rthlr.

gewähren, die nach Verhältniß ungleich bedeutender ist, als die Erhöhung der Klassensteuer und lediglich der mit dem Anwachsen der Bevölkerung steigenden Zunahme der Gewerbthätigkeit beigemessen werden kann, indem das Gewerbesteuer-Gesetz eine willkürliche Erhöhung dieser Steuer ausschließt.

Die Veranlagungs- und Erhebungskosten der Klassen- und Gewerbesteuer sind durch die Steuergesetze vom 30. Mai 1820 auf 4 pCt. der Brutto-Einnahme, welche den zur Veranlagung und Erhebung verpflichteten Gemeinden gewährt werden, fixirt. Der Mehr-Betrag der oben nachgewiesenen Verwaltungskosten besteht — außer dem bei der Klassensteuer erwähnten Departemental-Remissions-Fonds für die Rhein-Provinz und außer einem Zuschusse zu den Kosten des Königlichen Gewerbesteuer-Amts zu Berlin — in dem Antheile des Fürstenthums Lippe an dem Klassen- und Gewerbesteuer-Aufkommen der Stadt Lippstadt.

d. Die im Etat vor der Linie ausgeworfene Gesammt-Brutto-Einnahme an indirekten Steuern aller Art bildet sich aus folgenden einzelnen Positionen:

1) Eingangs-, Ausgangs- und Durchgangs-Abgaben (nach Abzug der nur als durchlaufend in Einnahme und Ausgabe erscheinenden Herauszahlungen an andere Zollvereins-Staaten)	12,183,110	Rthlr.
2) Uebergangssteuer von vereinsländischem Wein, Most und Taback	186,091	=
3) Rübenzucker-Steuer	50,530	=
4) Niederlage-, Krahn-, Waage-, Blei-, Zettel- und Siegelgelder	39,150	=
5) Conventionsmäßige Schifffahrts-Abgaben auf der Elbe, der Weser, dem Rhein und der Mosel	476,484	=
6) Branntwein-Steuer	5,915,475	=
7) Braumalz-Steuer	1,202,484	=
8) Steuer von inländischem Weinbau . . .	95,880	=
9) Steuer von inländischem Tabacksbau . .	140,600	=
10) Mahl-Steuer	1,591,665	=
11) Schlacht-Steuer	1,340,355	=
12) Stempel-Steuer	3,812,325	=
13) Chausseegelder	1,229,605	=

14) Brück-, Fähr- und Hafengelder, Strom- und Kanal-Gefälle	587,711 Rthlr.
15) Hypotheken- und Gerichtsschreiberei-Gebühren aus dem Bezirk des Appellations-Gerichtshofes zu Köln	139,770 „
16) Verschiedene und außerordentliche Einnahmen, als: Beiträge der Kommunen zu den Erhebungskosten der Mahl- und Schlacht-Steuer, Miethe für Dienstwohnungen u. s. f.	90,199 „
zusammen . .	29,081,434 Rthlr.

Die davon in dem Etat mit 3,606,356 Rthlr. summarisch in Abzug gebrachten Verwaltungskosten lassen sich unterscheiden in solche, welche einzelne Einnahmezweige allein, und solche, welche sämmtliche Einnahmezweige dieser Hauptklasse betreffen.

Die mit einzelnen Einnahmezweigen verbundenen Kosten bestehen in

43,113	Rthlr.	für die Rhein-Schiffahrts-Verwaltung, einschließlich 33,243 Rthlr. Rhein-Schifffahrts-Renten,
55,554	„	für Anschaffung des erforderlichen Stempel-Materials und für die Stempelsteuer-Erhebung,
116,078	„	für die Chausseegeld-Erhebung mit Einschluß der auf den Chausseen haftenden Grundlasten,
17,190	„	für die Erhebung der Brücken-, Fähr- und Hafengelder,
64,347	„	Honorare und Tantiemen der zur Berechnung der Hypotheken- und Gerichtsschreiberei-Gebühren in der Rhein-Provinz verpflichteten Hypothekenbewahrer und Gerichtsschreiber.
296,282	Rthlr.	

Die übrigen Verwaltungskosten mit . . . welche sämmtliche Einnahmezweige der indirekten Steuer-Verwaltung betreffen, zerfallen in folgende Haupt-Positionen:		3,310,074 Rthlr.
a. Gehälter der Beamten bei den Provinzial-Steuer-Directionen, so wie zu Diäten, Reisekosten und Büreau-Bedürfnissen dieser Behörden . .	Rthlr. 321,698	

b. Gehälter der Ober-Zoll- u. Ober-Steuer-Inspektoren und Controlleure, der Gränz- und Steuer-Aufseher, Gehälter und Tantiemen der Beamten und Unterbedienten bei den Haupt- und Neben-Zoll- und Steuer-Aemtern, Büreau-Bedürfnisse, Diäten und Reisekosten und Pferde-Unterhaltungsgelder für diese Aemter, nebst allen übrigen, den Gränzschutz und die Steuer-Aufsicht, ingleichen die Einwirkung auf die Zoll-Erhebung in den Zoll-Vereinsstaaten betreffenden Ausgaben . . . . 2,928,376 Rthlr.

c. zu größeren Bauten und Haupt-Reparaturen der Steuer-Dienst-Gebäude 60,000

3,310,074

Der Netto-Ertrag an indirekten Steuern stellt sich in dem Etat für das Jahr 1844 auf . . . . 25,475,078 Rthlr.
mithin gegen die in dem Etat für das Jahr 1841 für diese Einnahmezweige ausgebrachten . . . 22,543,000 „
um . . . . 2,932,078 Rthlr.

höher. Der größeste Theil dieser Mehr-Einnahme rührt von dem gesteigerten Ertrage an Eingangs-, Ausgangs- und Durchgangs-Abgaben her, der in dem diesjährigen Etat um 1,595,200 Rthlr. höher, als vor drei Jahren hat ausgebracht werden können. Auch die Branntweinsteuer und die Stempelsteuer lassen in diesem Jahre gegen das Jahr 1841 ansehnliche Mehr-Einnahmen,

die erstere von . . . 429,835 Rthlr.
die letztere von . . . 482,595 „

erwarten. Verhältnißmäßig noch bedeutender ist die Steigerung der Einnahmen an Brück-, Fähr- und Hafengeldern, Strom- und Kanal-Gefällen um . . . . 113,432 Rthlr.
und an Schifffahrts-Abgaben auf Elbe, Weser, Rhein und Mosel um . . . . 90,219 „

Auch hierin, so wie in der Vermehrung des Chausseegelder-

Ertrages, die sich auf 116,405 Rthlr. beläuft, liegen erfreuliche Beweise eines immer lebendiger gewordenen kommerziellen Verkehrs.

Als eine seit 1841, auf Grund des Gesetzes vom 30. Juli 1841, neu hinzugetretene Steuer erscheint im diesjährigen Etat die Rübenzuckersteuer mit einer Brutto=Einnahme von 50,530 Rthlr.

Die übrigen Mehr=Einnahmen, so wie die bei einigen Steuern hervortretenden Minder=Erträge und die durch die Steigerung der Einnahme gebotene Erhöhung der Verwaltungskosten sind von untergeordneter Wichtigkeit.

Die mit der indirekten Steuer=Verwaltung verbundenen Ausgaben betragen im Ganzen etwa 12 pCt. der Brutto=Einnahme. Wenn dies, mit Rücksicht auf die Eigenthümlichkeit der gedachten Steuern, schon an sich nicht als ein ungünstiges Verhältniß angesehen werden kann, so darf dabei nicht unbeachtet bleiben, daß die Verwaltung des Salz=Monopols, dessen Ertrag in dem Etat besonders ausgeworfen ist, mit unter der Leitung der Provinzial=Steuer=Directionen steht, weshalb genau genommen, der Betrag der, dem Einkommen aus den indirekten Steuern gegenübergestellten, Verwaltungskosten etwas zu hoch gegriffen ist.

e. An Einkommen aus der Salz=Regie sind in dem diesjährigen Etat	6,981,720	Rthlr.
und, nach Abzug von	2,666,420	=
für Ankaufs= und Verwaltungs=Kosten an Ueberschuß	4,315,300	Rthlr.
ausgeworfen, während in dem Etat für das Jahr 1841 der Rein=Ertrag des Salz=Monopols auf	5,975,000	=
mithin um.	1,659,700	Rthlr.
höher angebracht war.		
Diese Ertrags=Verminderung, welche aus einem Einnahme=Ausfall von.	1,366,414	Rthlr.
und einer Mehr=Ausgabe von	293,286	=
einschließlich 257,543 Rthlr. Mehr=Aufwand an Ankaufs=, Verpackungs= und Transport=Kosten besteht,		
Summa	1,659,700	Rthlr.

wird durch die mittelst Allerhöchster Verordnung vom 22. November 1842 erfolgte Herabsetzung des Salzpreises von 15 Rthlr. auf

12 Rthlr. für die Tonne und durch die gleichzeitig angeordneten Maßregeln zur Erleichterung des Salz-Ankaufs in kleinen Quantitäten erklärt. Es verdient dabei bemerkt zu werden, daß gegen den Etat des Vorjahres 1843 die Brutto-Einnahme aus dem Salz-Monopol im diesjährigen Etat um mehr als 53,000 Rthlr. höher hat ausgebracht werden können.

7) Der letzte Einnahme-Titel des Etats umfaßt verschiedenartige, zum Theil zufällige Einnahmen, von geringerer Wichtigkeit, z. B. Abschoß-Gefälle, Vermögens-Konfiskate, herrenlose Erbschaften, fiskalische und Polizeistrafen, die in einem Zwölftheil neu bewilligter Besoldungen und Gehaltszulagen bestehenden außerordentlichen Beiträge zum Pensionsfonds und mehrere eigene Einnahmen einzelner Ausgabe-Verwaltungen. Früher gehörten auch die durch die Verordnung vom 22. November 1842 aufgehobenen Verhandlungs- und Ausfertigungs-Sporteln der Provinzial-Verwaltungsbehörden in diesen Einnahme-Titel.

Der Gesammtbetrag an vermischten Einnahmen in dem Etat für das Jahr 1844 mit	346,590 Rthlr.
übersteigt die entsprechende Position des Etats für 1841 mit	321,000 „
um	25,590 Rthlr.

eine Differenz, welche bei diesen Einnahmen, deren Ertrag von vielen Zufälligkeiten abhängig ist, einer näheren Erläuterung nicht bedarf.

In der

Ausgabe

weist der diesjährige Haupt-Etat

1) für das Staatsschuldenwesen eine Summe von		7,253,920 Rthlr.
nach, wovon		
a. zur Verzinsung der allgemeinen und provinziellen Staatsschulden und zu den Verwaltungs-Kosten der Central-Behörde für das Staatsschuldenwesen	4,961,885 Rthlr.	
und		
b. zur Schuldentilgung .	2,251,115 „	
zusammen	7,213,000 Rthlr.	

und

c. zur Verzinsung und Tilgung später übernommener Provinzial-Schulden 40,920 Rthlr.

bestimmt sind.

Die letztgedachte Ausgabe-Position hat sich gegen das Jahr 1841 nicht geändert. Wenn sie gleichwohl in dem publizirten Etat für 1841 mit 41,000 Rthlr., also um 80 Rthlr. höher erscheint, so ist dies lediglich der Abrundung wegen geschehen.

Dagegen hat sich der Ausgabe-Bedarf für die Verzinsung und Tilgung der früheren Staatsschuld und für die Verwaltung des Staatsschuldenwesens gegen das Jahr 1841, wo derselbe 8,533,000 Rthlr. betrug, um 1,320,000 Rthlr. vermindert, eine Ersparniß, die theils in dem, mit dem Schlusse des Jahres 1842 eingetretenen, Ablauf der dritten Tilgungs-Periode für die Staatsschuld, theils in der, in demselben Jahre erfolgten, Konvertirung der Staatsschuldscheine auf 3½ pCt. Zinsen ihre Erklärung findet.

Gegen das Jahr 1833, das erste der abgelaufenen Tilgungs-Periode, ist die Gesammt-Ausgabe für die Staatsschulden-Verwaltung um . . . . . . 2,105,488 Rthlr. 17 Sgr. 9 Pf. zurückgegangen, wovon in den

Etats für 1843	1,291,380	=	— =	— =
und für 1844	26,000	=	— =	— =
die übrigen	788,108	=	17 =	9 =

aber schon in den früheren Jahren nach und nach abgesetzt worden sind.

2) Der zweite Ausgabe-Titel des Haupt-Finanz-Etats für das Jahr 1844 „an Pensionen, Kompetenzen und Leibrenten"

zerfällt, wie früher, in 2 Unterabtheilungen, deren erste die fortdauernden Pensions-Fonds für emeritirte Staatsdiener und deren Wittwen und Kinder, so wie einige, zu ähnlichen Zwecken bestimmte Unterstützungs-Fonds enthält, während in der zweiten die Pensionen der Mitglieder aufgehobener geistlicher Corporationen, die auf dem Reichs-Deputations-Hauptschluß vom 25. Februar 1803 beruhenden Kompetenzen und andere, gleich diesen, künftig wegfallende Zahlungen ähnlicher Art zusammengefaßt sind.

Die erste Abtheilung mit	985,527 Rthlr.
ist gegen die entsprechende Position des zuletzt publizirten Etats von	976,000 "
in Folge der Verstärkung eines Fonds zu Gnaden-Unterstützungen an Wittwen und Waisen, um	9,527 Rthlr.

gestiegen.

Den Haupt-Bestandtheil dieser Abtheilung bildet der unter die verschiedenen Verwaltungen, nach Maßgabe ihres Bedarfs, vertheilte Pensions-Fonds für emeritirte Civil-Beamte im Betrage von 800,000 Rthlrn., worunter die, nach dem Pensions-Reglement vom 30. April 1825 dahin überwiesenen, fortlaufenden und außerordentlichen Abzüge von den Beamten-Besoldungen begriffen sind. Die außerordentlichen Pensions-Abzüge — jährlich etwa 32,000 Rthlr. — erscheinen im Etat, wie oben erwähnt worden, unter den vermischten Einnahmen, während die fortlaufenden Pensions-Beiträge der Civil-Beamten von den Gehältern vorweg abgezogen und daher im Etat nicht besonders nachgewiesen werden. Im Ganzen betragen diese laufenden Pensions-Abzüge etwa 192,000 Rthlr. Die Erleichterung, welche der Staatskasse durch die reglementsmäßigen Besoldungs-Abzüge der einen und der anderen Art gewährt wird, ist demnach im Ganzen ungefähr auf 224,000 Rthlr. oder 28 pCt. des etatsmäßigen Pensions-Fonds anzuschlagen.

Der Ausgabe-Bedarf für die zweite Abtheilung des zweiten Ausgabe-Titels, der im Jahre 1841 1,308,000 Rthlr. betrug, hat sich in Folge eingetretener Heimfälle um beinahe 76,000 Rthlr. vermindert, und würde sich noch mehr vermindert haben, wenn nicht inzwischen dieser Abtheilung, großentheils auf Grund von Uebertragungen aus anderen Etatstiteln, verschiedene ansehnliche Mehr-Ausgaben hinzugetreten wären.

3) An dauernden Renten waren in dem Etat für 1841:

a. als Entschädigung für aufgehobene Rechte und Nutzungen	327,000 Rthlr.
b. für eingezogene Kapitalien und Amts-Cautionen	684,000 "
zusammen	1,011,000 Rthlr.

ausgeworfen.

In dem diesjährigen Etat stellt sich die erste dieser beiden Ausgabe-Positionen auf . . . . 254,110 Rthlr.
mithin gegen 1841 um . . . . 72,890 =
geringer, was hauptsächlich in der aus Einnahme-Ueberschüssen bewirkten Ablösung mehrerer Entschädigungs-Renten, zum Theil von bedeutendem Betrage, seinen Grund hat.

Die oben gedachte zweite Ausgabe-Position des Etats für 1841 von 684,000 Rthlrn. umfaßt mehrere Ausgaben verschiedener, wenngleich verwandter Art, nämlich:

a. die Zinsen der Amts-Cautionen,
b. den Bedarf zur Verzinsung und Abbürdung eingezogener Stiftungs-Kapitalien und temporairer Vorschüsse anderer Königlicher Kassen und
c. den der Civil-Wittwen-Kasse zu leistenden Zuschuß.

In dem neuen Etat ist jede dieser Ausgaben besonders ausgeworfen:

a. Zur Verzinsung der Amts-Cautionen waren
im Jahre 1841 . . . . 196,200 Rthlr.
bestimmt. Jetzt sind dazu, in Folge der Vermehrung der baar eingezahlten Cautionen . . . . 211,845 =
mithin 15,645 Rthlr.
mehr erforderlich.

b. Der Fonds zur Verzinsung und Abbürdung eingezogener Stiftungs-Kapitalien und temporairer Vorschüsse anderer Königlicher Kassen betrug im Jahre 1841 . . . . 255,400 Rthlr.
Für das Jahr 1844 sind dazu, mit Einschluß von 171,000 Rthlrn. zur Verzinsung der Wittwen-Kassen-Kapitalien . . . . 358,840 =
also . . . . 103,440 Rthlr.
mehr ausgesetzt, welche hauptsächlich zur Abbürdung der erwähnten Vorschüsse verwendet werden sollen.

c. Der Zuschuß, den die Staatskasse auf Grund der im Jahre 1775 übernommenen Garantie an die Civil-Wittwen-Kasse zu leisten hat, ist eine Folge irriger Voraussetzungen, die sich in die dem Statute der allgemeinen Wittwen-Verpflegungs-Anstalt zum Grunde liegenden Berechnungen eingeschlichen und ein Mißverhältniß zwischen den laufenden Einnahmen und Ausgaben dieser Anstalt veranlaßt haben, durch welches das Defizit derselben und der zu dessen Deckung bestimmte Zuschuß noch auf eine Reihe von Jahren sich erhöhen wird. Für das Jahr 1844 ist dieser Zuschuß auf 310,193 Rthlr. angenommen worden, während dazu im Jahre 1841 nur 213,474 Rthlr. nöthig waren.

4) Der Ausgabe-Bedarf der außer den Ministerien vorhandenen Central-Behörden, welcher in den bisher publizirten Haupt-Finanz-Etats nur summarisch angegeben war, ist im diesjährigen Etat vor der Linie für jede dieser Behörden besonders nachgewiesen. Die

Gesammtsumme mit	330,518	Rthlr.
ergiebt gegen den in dem Etat von 1841 mit .	306,000	=
ausgebrachten Bedarf eine Erhöhung von . . .	24,518	Rthlr.

worunter allein für die den Senioren des eisernen Kreuzes Allerhöchst bewilligten Zahlungen 7200 Rthlr. begriffen sind. Im Uebrigen ist jener Mehrbedarf hauptsächlich durch die Steigerung der Ausgaben für das im Laufe der letzten Jahre um einige Mitglieder vermehrte Staats-Ministerium und für das durch Anstellung von 4 Geheimen Referendarien verstärkte Hülfspersonal des Staatsraths herbeigeführt worden.

5) Die für das Ministerum der geistlichen, Unterrichts- und Medizinal-Angelegenheiten etatmäßig ausgesetzte Summe beträgt

in diesem Jahre	3,119,940	Rthlr.
mithin gegen den für 1841 ausgeworfenen Betrag von	3,029,000	=
	90,940	Rthlr.

mehr, was größtentheils von der Verstärkung der Zuschüsse für Unterrichtszwecke, insbesondere für die Universitäten Halle, Breslau und Bonn, für die Akademie zu Münster und für verschiedene Gymnasien und Seminarien herrührt.

Im Ganzen sind von der Summe, welche dem gedachten Ministerium aus der Staats-Kasse gewährt wird,

a.	für den Kultus — einschließlich 712,215 Rthlr. für katholisch-geistliche Zwecke	951,990	Rthlr.
b.	für den öffentlichen Unterricht	1,217,048	=
c.	zu gemeinschaftlichen Ausgaben für beide Verwaltungszweige, namentlich für die Konsistorien uud Provinzial-Schul-Kollegien, für die geistlichen und Schulräthe bei den		

Regierungen, zur Verbesserung der äußeren Lage des geistlichen und Lehrstandes und zur Unterhaltung der Kirchen-, Pfarr- und Schulgebäude landesherrlichen Patronats . 512,889 Rthlr.

d. für die Medizinal-Verwaltung . . . . 303,486 „

und

e. zu den Verwaltungskosten des Ministeriums selbst und zu dessen Disposition . . . . 134,527 „

3,119,940 Rthlr.

bestimmt.

6) Für das Ministerium des Innern und für die General-Kommissionen erscheint im diesjährigen Etat ein Gesammt-Ausgabebedarf von . . . . 2,752,656 Rthlr.

Diese Summe zerfällt in folgende Hauptbestandtheile:

a. zu den Kosten der Kreis- und Distrikts-Verwaltung . . . . 755,610 „

b. zu den Kosten der Polizei-Verwaltung in den Städten Königsberg, Danzig, Posen, Breslau, Berlin, Potsdam, Magdeburg, Köln und Aachen, für polizeiliche Aufsicht an den Landesgränzen und für andere polizeiliche Zwecke, einschließlich der Censur-Verwaltung . . . . 450,022 „

c. für Straf- und Besserungs-Anstalten . . 496,827 „

d. für die Land-Gendarmerie . . . . . 631,611 „

e. für Armen- und Wohlthätigkeits-Anstalten 151,648 „

f. für die Auseinandersetzungs-Behörden, das Landes-Oeconomie-Kollegium und andere landwirthschaftliche Zwecke . . . . . . 150,195 „

g. der Rest mit . . . . 116,743 „

ist zu den Verwaltungs-Kosten und für den Dispositions-Fonds des Ministeriums selbst bestimmt.

Summa 2,752,656 Rthlr.

Gegen das Jahr 1841, im welchem für das Ministerium des Innern nur . . . . . . 2,569,000 „

ausgesetzt waren, ergiebt sich im Ganzen eine
Etats-Erhöhung von . . . . 183,656 Rthlr.,
welche hauptsächlich in der zum Schutze der öffentlichen Sicherheit nothwendigen Verstärkung der Land-Gendarmerie, mit welcher ein Mehr-Aufwand von 53 bis 54,000 Rthlr. verbunden ist, und in dem um mehr als 76,000 Rthlr. gestiegenen Bedarf der Strafgefängnisse und Besserungs-Anstalten ihren Grund hat.

7) Beim Ministerium der auswärtigen Angelegenheiten, für
welches der diesjährige Etat . . . . 729,304 Rthlr.
aussetzt, während der entsprechende Etatssatz vom
Jahre 1841 nur . . . . 668,000 „
betrug, ist die Veranlassung der Ausgabe-Er-
höhung von . . . . 61,304 Rthlr.
fast ausschließlich in einer Vermehrung der Fonds für das Gesandtschafts-Personal zu suchen, welche in Folge des gegen frühere Jahre lebhafter gewordenen Verkehrs mit dem Auslande und neu angeknüpfter diplomatischer Verbindungen nöthig wurde.

8) Für das Kriegs-Ministerium sind in dem Etat des laufen-
den Jahres . . . . 24,604,208 Rthlr.
mithin gegen die entsprechende Etats-Position
aus dem Jahre 1841 von . . . . 23,721,000 „
883,208 Rthlr.
mehr ausgeworfen, wovon jedoch nicht viel weniger als ein Dritttheil in dem auf Preußen repartirten und bis zum Jahre 1852 jährlich mit 278,573 Rthlr. zahlbaren Beitrage zum Bau der Bundesfestungen Ulm und Rastatt besteht. Im Uebrigen rührt jener Mehrbedarf der Hauptsache nach theils von der im Jahre 1842 Allerhöchst bewilligten Erhöhung der Lieutenants-Gehälter, theils von den durch die Einführung der Perkussions-Gewehre in der Armee vorübergehend verursachten außerordentlichen Kosten, theils von dem Umstande her, daß die Militair-Pensions- und Invaliden-Fonds und der Zuschuß zur Militair-Wittwen-Kasse im Ganzen um mehr als 250,000 Rthlr. haben erhöht werden müssen.

9) Für das Justiz-Ministerium und das Ministerium der Gesetzrevision war in dem zuletzt publizirten Etat nur der außer den Gerichtssporteln erforderliche Zuschuß ausgeworfen worden. In

dem diesjährigen Etat ist außerdem, vor der Linie, der Gesammt-Bedarf der Justiz-Verwaltung mit . . . . 5,985,193 Rthlr.
und der Ertrag an Sporteln, Jurisdictions-Beiträgen und anderen Einnahmen dieser Verwaltung mit . . . . 3,707,255 „
nachgewiesen und so der Zuschuß von . . . 2,277,938 Rthlr.
näher justifizirt worden.

Im Jahre 1841 belief sich der etatmäßige Justiz-Verwaltungs-Bedarf auf . . . . 5,727,238 Rthlr.
und der Ertrag an Sporteln ꝛc. auf . . . . 3,508,452 „
der nöthige Zuschuß betrug also damals . . . 2,218,786 Rthlr.
oder abgerundet . . . . 2,219,000 „
Seitdem ist der Bedarf um . . . . 257,955 Rthlr.
die Einnahme an Sporteln ꝛc. um . . . . . 198,803 „
mithin der Zuschuß um . . . . 59,152 Rthlr.
oder, wenn man die Behufs der Abrundung früher hinzugesetzten . . . . 214 „
abzieht, um . . . . 58,938 Rthlr.
gestiegen.

Diese Bedarf-Erhöhung ist eine nothwendige Folge der mit dem Anwachsen der Bevölkerung und der Zunahme des Verkehrs allmälig steigenden Vermehrung der gerichtlichen Geschäfte, welche im Laufe der drei letzten Jahre eine Verstärkung des Aufwandes für die Königlichen Untergerichte von mehr als . . 198,000 Rthlr., und für die Obergerichte von ungefähr . . . 32,000 „ nöthig gemacht hat. Außerdem hat sich der Bedarf für die Kriminalkosten und den Unterhalt der Kriminal-Gefangenen um mehr als 26,000 Rthlr. gesteigert.

Endlich ist den Kosten der Justiz-Verwaltung eine Summe von 8,150 Rthlr. für das neu errichtete Ober-Censurgericht hinzugetreten. Diesen und anderen geringeren Ausgabe-Erhöhungen stehen auch einige, im Ganzen jedoch nicht bedeutende, Ersparnisse gegenüber.

10) Das Finanz-Ministerium erforderte im Jahre 1841 zu der Central-Finanz-Verwaltung, der General-Verwaltung der Steuern

und den Kosten der General=Staatskasse einen etatmäßigen Gesammt=Aufwand von . . . . 146,000 Rthlr.,
welcher, nach dem diesjährigen Etat bis auf . 158,653 „

also um . . . . 12,653 Rthlr.

sich erhöht hat. Dieser Mehrbedarf ist jedoch nur scheinbar, indem der jetzt etatmäßige Ausgabe=Fonds eine, von dem Etat der Salz=Debits=Verwaltung hierher übertragene Summe von 15,791 Rthlrn. in sich begreift. Nach Abzug derselben ergiebt sich für das Finanz=Ministerium gegen 1841 ein auf Gehaltsersparnissen beruhender Minderbedarf von etwa 3000 Rthlrn.

11) Für die General=Verwaltung der Domainen und Forsten (Ministerium des Königlichen Hauses II. Abtheilung) sind im diesjährigen Etat . . . . 99,909 Rthlr.
mithin gegen den für 1841 etatmäßigen Bedarf von 98,000 Rthlr.

1,909 Rthlr.

mehr ausgesetzt, was in einer temporairen Verstärkung dieses Ministeriums seinen Grund hat.

12) Der Ausgabebedarf der mit dem Finanz=Ministerium verbundenen General=Verwaltung für Handel, Gewerbe und Bauwesen und der von derselben ressortirenden Land= und Wasserbauten — ausschließlich der Chausseen — ist in dem Etat für 1844 mit 2,008,917 Rthlr.
mithin gegen die entsprechende Position des Etats für 1841 mit . . . . 1,434,000 „

um . . . . 574,917 Rthlr.

höher ausgebracht.

Den bei weitem größesten Theil dieser Etats=Erhöhung bildet der zur Beförderuug von Eisenbahnbauten von des Königs Majestät bewilligte Fonds, welcher zuerst im Jahre 1843 mit 500,000 Rthlrn. auf den Etat gebracht wurde und, Allerhöchster Bestimmung zufolge, jährlich um denjenigen Betrag verstärkt werden soll, um welchen das etatmäßige Einkommen aus dem Salz=Monopol gegen den Voranschlag für 1843 allmälig anwachsen wird. In Folge dieser Bestimmung hat der gedachte Fonds, dessen Ersparnisse übrigens jedesmal in das folgende Jahr übertragen werden, im diesjährigen Etat um 28,300 Rthlr. erhöht werden können.

Im Uebrigen sind von dem oben angegebenen Gesammtbedarf ungefähr

83,000 Rthlr. zu den Gehältern und Büreau-Kosten der General-Verwaltung selbst, der Ober-Bau-Deputation nnd der technischen Deputation,

115,000 Rthlr. für das Gewerbe-Institut und die Bauschule in Berlin, für die Gewerbeschulen in den Provinzen und zur Förderung allgemeiner gewerblicher und merkantilischer Zwecke,

279,000 Rthlr. zu den Besoldungen und Fuhrkosten des bautechnischen Beamten-Personals in den Provinzen,

856,000 Rthlr. zur Unterhaltung der fiskalischen Wasserwerke, Brücken und Fähren, zu Strom- und Uferbauten, zur Unterhaltung unchaussirter Wege und der Kollegienhäuser, so wie für sonstige Baubedürfnisse, und

145,000 Rthlr. zur Unterhaltung der Bezirksstraßen auf dem linken Rhein-Ufer bestimmt.

13) Der in dem Etat abgesondert ausgeworfene Aufwand für die von der gedachten Abtheilung des Finanz-Ministeriums ebenfalls ressortirende Chaussee-Verwaltung beträgt für das

Jahr 1844 . . . . 2,782,800 Rthlr.

wovon:

a.	zur Unterhaltung der vorhandenen 1384 Meilen Chaussee, einschließlich der Besoldung, Bekleidung und Pensionirung des Chaussee-Aufseher- und Wärter-Personals	1,557,000 Rthlr.
b.	zu den Besoldungen, Diäten und Fuhrkosten der Wegebau-Beamten und zur Unterstützung der Hinterbliebenen solcher Beamten und der Chausseewärter	149,800 "
c.	zu Chaussee-Neubauten	500,000 "
	und	
d.	zur Verzinsung und Abkürzung der früher aufgenommenen Chausseebau-Kapitalien	576,000 "
	Summa . .	2,782,800 Rthlr.

bestimmt sind.

Die Längenstrecke der ausgebauten landesherrlichen Chausseen betrug im Jahre 1841: 1280 Meilen, hat sich daher in den letzten drei Jahren um 104 Meilen vermehrt. In gleichem Verhältniß ist die zur Unterhaltung derselben erforderliche, durchschnittlich auf 1125

Rthlr. für die Meile angenommene Bedarfsumme gestiegen. Aus dem nämlichen Grunde hat auch das Chausseebau-Beamten-Personal verstärkt werden müssen. Die dadurch und durch die Gehalts-Verbesserung mehrerer Wegebaumeister veranlaßte Ausgabe-Erhöhung wird jedoch durch den Minderbedarf zur Verzinsung und Abbürdung der Chausseebau-Kapitalien, welcher von der geschehenen Tilgung eines großen Theils dieser Schuld herrührt, so weit überwogen, daß die Gesammt-Ausgabe für die Chaussee-Verwaltung gegen die in dem Etat für 1841 ausgebrachte Summe von 3,000,000 Rthlr. um 217,200 Rthlr. hat ermäßigt werden können.

14) Für die Ober-Präsidien und Regierungen sind im Etat von 1844 1,704,489 Rthlr. ausgeworfen. Dieser Fonds, welcher theils zu Besoldungen, Remunerationen und Unterstützungen für das Beamten- und Hülfs-Personal jener Behörden — jedoch mit Ausschluß der auf die Etats der betreffenden Spezial-Verwaltungen verwiesenen Techniker (Forstbeamte, Geistliche und Schulräthe, Medizinalräthe und Bauräthe) — theils zu Diäten, Fuhrkosten und Büreau-Bedürfnissen, theils zu Prozeß- und anderen allgemeinen Verwaltungs-Kosten verwendet wird, ist gegen das Jahr 1841, wo für die nämlichen Zwecke 1,699,000 Rthlr. ausgesetzt waren, um den im Verhältniß zu der vermehrten Masse der Geschäfte geringfügigen Betrag von 5489 Rthlr. gestiegen.

15) Der Bedarf für die Gestüt-Verwaltung mit 173,306 Rthlr. hat sich gegen das Jahr 1841 — abgesehen von der Abrundung der damaligen Etats-Summe — nicht geändert.

Die unter Nr. 16 bis 23 des diesjährigen Ausgabe-Etats verzeichneten 8 Extraordinarien-Titel entsprechen den 4 letzten Positionen des Etats für das Jahr 1841.

Zuvörderst ist, wie damals

16) ein Dispositions-Fonds von 100,000 Rthlr. zur Ablösung kleinerer Passivrenten ausgeworfen.

Hierauf folgt

17) ein Fonds von 400,000 Rthlr. zur Deckung des Verlustes bei Umprägung der nicht mehr vollhaltigen Münzen, wofür im Jahre 1841 nur 200,000 Rthlr. ausgesetzt waren. Dieser Fonds ist vorübergehender Natur und wird künftig ganz wegfallen können.

Der hiernächst unter

18) verzeichnete Fonds von 16,000 Rthlr., welcher, nach einer

Anordnung Sr. Majestät des Königs, aus den dem Fiskus anheimgefallenen erblosen Verlassenschaften gebildet und zu besonderen wohlthätigen Zwecken verwendet werden soll, ist im diesjährigen Etat den Extraordinarien neu hinzugetreten.

19) Zu außerordentlichen Bedürfnissen, als Strom-, Hafen-, Chaussee- und anderen Bauten und zu Landes-Verbesserungen sind für dieses Jahr, wie in dem Etat für 1841, 2,500,000 Rthlr. ausgesetzt. Um die Bestimmung dieses Fonds näher zu erläutern, wird bemerkt, daß darauf in den 3 Jahren 1841—43 unter Anderem

a. zu Festungsbauten etwa	1,720,000	Rthlr.
b. zu Justizbauten	668,000	=
c. zu Hafen-, Kanal-, Strom- und Brückenbauten und zu den Kosten einer Uebungs-Korvette ungefähr	2,120,000	=
d. zur Verstärkung des etatmäßigen Fonds für Chaussee-Neubauten	1,157,000	=
e. zu Gefängnißbauten	464,000	=
f. zu Entwässerungs- und Bewässerungs-Anlagen etwa	341,000	=

angewiesen worden sind.

20) Der zu Gnadenbewilligungen aller Art ausgeworfenene Fonds von 350,000 Rthlr. ist der Allerhöchsten Disposition Sr. Majestät des Königs vorbehalten. Es werden darauf, außer zahlreichen Unterstützungen, insbesondere auch die Gnadengeschenke an bedürftige Gemeinen zu Kirchen-, Pfarr- und Schulbauten, welche in den Jahren 1841—43 allein 310,000 Rthlr. betragen haben, ingleichen vielfache Bewilligungen an Gelehrte und Künstler und für Gegenstände der Literatur und Kunst, zur Erhaltung alter Bau-Denkmäler und zu gemeinnützigen Unternehmungen angewiesen.

In dem Etat für das Jahr 1841 bildete dieser Allerhöchste Dispositions-Fonds, dessen Betrag sich seit längerer Zeit nicht geändert hat, nicht, wie jetzt, eine eigene Position, war vielmehr mit den folgenden Ausgabetiteln unter der Rubrik:

„Zur Deckung der Einnahme-Ausfälle, zur Uebertragung von Ausgabe-Ueberschreitungen, zu Gnadenbewilligungen und zur Vermehrung des Haupt-Reserve-Kapitals"

zusammengefaßt.

21) Zur Uebertragung der Einnahme-Ausfälle waren früher 500,000 Rthlr. bestimmt. Im diesjährigen Etat hat dafür, im Hinblick auf die bevorstehende Porto-Ermäßigung, der doppelte Betrag ausgesetzt werden müssen.

22) Der hierauf folgende, zu unvorhergesehenen, mithin in den Ausgabe-Etats der einzelnen Verwaltungen nicht berücksichtigten, gleichwohl aber nothwendigen Ausgaben bestimmte Fonds von 500,000 Rthlr. — das sogenannte Haupt-Extraordinarium — ist dem Betrage nach gegen früher unverändert geblieben.

23) Der letzte Ausgabe-Titel des Staatshaushalts-Etats für das Jahr 1841 belief sich auf . . . . . . 2,136,000 Rthlr.

Werden davon die unter dieser Summe begriffenen Beträge:		
zur Deckung der Einnahme-Ausfälle mit	500,000 Rthlr.	
zur Uebertragung von Ausgabe-Ueberschreitungen mit . . .	500,000 "	
und zu Gnadenbewilligungen mit	350,000 "	
zusammen		1,350,000 "
in Abzug gebracht, so verbleibt ein zur Vermehrung des Haupt-Reserve-Kapitals disponibler Ueberschuß von		786,000 Rthlr.
Die demselben entsprechende letzte Position des diesjährigen Etats, die		1,462,000 "
mithin		676,000 Rthlr.

mehr beträgt, ist zugleich zur Ansammlung eines Fonds bestimmt, aus welchem die in Folge der Staatsgarantie für die Zinsen der Eisenbahn-Kapitalien zu erwartenden Mehr-Ausgaben für den Fall bestritten werden können, daß der der Verwaltung für diesen Zweck überwiesene etatmäßige Fonds dazu in Zukunft nicht ausreichen möchte.

Der Etat für 1844 schließt in Einnahme und Ausgabe mit einer Summe von . . . . 57,677,194 Rthlr.
mithin gegen den Staatshaushalts-Etat von 1841,
dessen Resultat . . . . 55,867,000 "
betrug, um . . . . 1,810,194 Rthlr.
höher ab, während sich der Etat von 1841 in seinem Haupt-Re-

sultate gegen denjenigen von 1838, welcher mit 52,681,000 Rthlr. abschloß, um . . . . 3,186,000 Rthlr höher stellte. Zur Erläuterung dieser Differenz braucht nur an den im Jahre 1842 Allerhöchst bewilligten Steuererlaß von 2 Millionen Rthlrn. erinnert zu werden.

Uebrigens läßt sich, nach der Beschaffenheit der auf Erfahrungs-Resultaten beruhenden Grundlagen des Staatshaushalts-Etats, mit Wahrscheinlichkeit annehmen, daß, wenn nicht besondere Unfälle eintreten, das die letzte Ausgabe-Position bildende Reserve-Quantum auch wirklich eingehen und zu den angegebenen Bestimmungen verwendbar sein werde.

Berlin, den 19. April 1844.

Der Finanz-Minister.

von Bodelschwingh.

Gedruckt bei den Gebr. Unger.

FSC
www.fsc.org
MIX
Papier | Fördert
gute Waldnutzung
FSC® C083411

Kolibri 360 GmbH
Ferdinand-Jühlke-Straße 7
99095 Erfurt, Deutschland
produktsicherheit@kolibri360.de